AF389604

PLANTES

NOUVELLEMENT DÉCOUVERTES,

RÉCEMMENT DÉNOMMÉES ET CLASSÉES,

REPRÉSENTÉES EN GRAVURES,

AVEC LEURS DESCRIPTIONS;

POUR SERVIR D'INTELLIGENCE

A L'HISTOIRE GÉNÉRALE

ET ÉCONOMIQUE

DES TROIS REGNES.

PAR M. BUC'HOZ, Médecin-Botaniste & de Quartier de MONSIEUR, Frere du Roi, Auteur de différens Ouvrages d'Histoire Naturelle, d'Economie Champêtre, de Médecine & d'Art Vétérinaire.

A PARIS,

Chez { l'Auteur, rue de la Harpe, vis-à-vis la Sorbonne;
{ DEBURE l'aîné, Libraire, Quai des Augustins.

M. DCC. LXXIX.

AVEC APPROBATION ET PRIVILEGE DU ROI.

SPARMANNIA SINENSIS. *Nobis*.

PLANCHE PREMIERE.

SPARMANNIA SINENSIS, la Sparmanne de la Chine.

L A racine de cette plante eſt longue, tubéreuſe, garnie de quelques fibres ; ſa ſubſtance eſt jaune, ſes feuilles radicales ſont crenellées, velues ; il s'éleve de ſa racine une tige auſſi velue, garnie de diſtance en diſtance de feuilles alternes, plus petites que les radicales, mais pareillement velues ; de l'aiſſelle de ces feuilles ſort un pédicule, qui porte une fleur penchée ; le périanthe du calice de cette fleur eſt d'une ſeule piece à cinq découpures rondes, aiguës, perſiſtantes ; la corolle eſt monopé-tale, campanulée, velue ; le tube eſt grand, un peu velu ; le lymbe eſt ouvert, large, partagé en quatre lobes, dont chaque lobe eſt crenellé ; les étamines ſont au nombre de quatre, dont deux ſont plus grandes, penchées vers le piſtil ; celui-ci eſt formé par un germe pointu, placé au fond du pétale, par un ſtyle ſimple & par un ſtigmate en forme de tête ; la couleur de la corolle eſt rouge, incarnate ; les bords du lymbe dégénerent en une couleur blanche ; la capſule eſt ovale, longue comme le calice, à deux loges, qui renferment pluſieurs ſemences, que nous ne connoiſſons pas aſſez particuliérement pour pouvoir les décrire ici.

Nous avons donné à ce genre le nom de *Sparmannia*, & nous avons tiré cette dénomination du nom de M. Sparmann, Médecin Suédois, ſi connu parmi les Naturaliſtes par les différens voyages qu'il a faits autour du monde pour l'Hiſtoire Naturelle, avec MM. Solander & Forſter. Ce nouveau genre fait partie de la dix-huitieme claſſe de Linnæus, qui comprend les plantes didynamiques, & du ſecond ordre de cette claſſe, deſtiné aux angioſpermiques ; nous placerons ce genre entre le genre de la Digitale & celui de la Bignone.

Il differe du premier par ſon tube, qui n'eſt pas gonflé au dos ; par ſon lymbe, qui eſt plus large ; par ſes antheres, qui ne ſont pas partagées en deux, & par ſon ſtigmate, qui eſt en forme de tête. Nous n'en connoiſſons encore qu'une eſpece, à laquelle nous avons ajouté le nom trivial de *Sinenſis*, parce qu'elle vient de la Chine. Cette plante n'a encore été décrite ni claſſée avant nous dans aucun ſyſtème ; ſa racine, qui eſt la ſeule partie dont on connoiſſe la propriété, n'eſt connue en France que depuis deux ou trois ans ; elle approche beaucoup, pour la couleur, du *Terra Merita* ; auſſi la nomme-t-on Racine jaune, & la plante elle-même eſt connue dans la Chine ſous la même dénomi-nation.

Cette racine eſt d'un très-grand uſage dans la Médecine ; elle eſt ſtomachique : on la preſcrit en poudre ou en décoction.

Cette plante eſt repréſentée avec ſes couleurs naturelles dans notre Collection précieuſe & enluminée des fleurs les plus belles & les plus curieuſes qui ſe cultivent tant dans les Jardins de la Chine que dans ceux de l'Europe, partie premiere, pl. 85 ; mais les caracteres diſtinctifs de ſa fleur ne s'y trouvent pas, ainſi que dans la préſente planche.

PLANCHE II.

PROTEA - SCEPTRUM GUSTAVIANUM, la Protée - Sceptre de Guſtave.

CETTE plante, que M. Sparmann a rencontrée au Cap de Bonne - Eſpérance, eſt la plus belle d'environ vingt - deux eſpeces de ſa famille ; elle eſt auſſi ſinguliere qu'elle eſt rare : on en trouve quelques pieds ſur la montagne des Hottentots Hollandois, à deux journées du Cap. Les jets partent tous d'une tige non diviſée, & imitent la nature du bois ; ils montent, comme des perches, juſqu'à la hauteur de quelques pieds, mais à peine ſont-ils de l'épaiſſeur d'un doigt ; chaque tige ſe partage enſuite au ſommet, pour la plupart en deux, trois ou quatre branches d'environ un quart d'aulne, qui ne ſont pas tout - à - fait rondes, & dont quelques-unes ſont à leur ſommet un peu garnies d'un velouté court, reſſemblant au coton.

Il y a deux ſortes de feuilles très - diſſemblables quant à la figure, garnies de courts pédicules, ſe couvrant l'une l'autre, & un peu ſerrées vers les pétioles, d'une couleur verte très - claire, à peine viſiblement veinées, un peu raboteuſes, épaiſſes ou dures comme du parchemin.

Les feuilles inférieures de la tige ſont branchues, longues de quatre pouces, avec des parties étroites, & larges ſeulement d'une ligne ; les pointes ſe terminent par une petite dureté ou calus brunâtre ; la diviſion de la feuille commence pour la plupart à la diſtance d'un pouce de la tige ; en-haut il ſort quelquefois trois & en-bas ſeulement deux feuilles branchues de chaque centre.

Les feuilles ſupérieures de la tige, qui paroiſſent en-haut ſur les branches, ne ſont point partagées ; elles ſont longues d'un à deux pouces, pour la plupart d'une forme un peu triangulaire à coins, ou plutôt de rhomboïde, en-bas très-pointues, & ſe changeant en un pétiole plat, d'environ un pouce de long & d'une ligne de large ; elles ſe terminent par le haut en une pointe courte & obtuſe, qui a à l'extrémité un petit calus ou dureté brunâtre.

Les fleurs ſe montrent à l'extrémité de chaque branche, en forme d'épi, de la forme d'un œuf, de la longueur de deux pouces, ou plutôt comme une pomme de Pin. A l'égard des braɛtées, elles reſſemblent à des écailles, & ſont velues & pointues en long ; chacune eſt placée ſous chaque calice, & plus longue que lui.

Ces calices ainſi attachés ſans pédicules au receptacle, portent quatre fleurs, & conſiſtent de même en quatre feuilles, longues de deux lignes, un peu rondes, ovales, très-velues & d'un gris-clair.

L'aigrette eſt plus courte que le calice, au corps duquel elle eſt attachée ; elle eſt ſimple & enfermée par les pétales de la corolle, longs d'un demi - pouce à un pouce ; ces pétales ſont étroits ; & larges ſeulement d'une ligne ; ſur le côté extérieur, ils ſont d'une couleur argentée & d'un velouté court & fin comme de la ſoie ; & ſur le côté intérieur, ils ſont bruns & unis, un peu plus larges, concaves vers les pointes, & roulées en-arriere, d'une forme ſpirale après les fleurs ſorties.

Les étamines ſont au nombre de quatre, très-courtes ; à peine peut-on s'appercevoir des filamens ; les antheres ſont oblongues, d'un jaune-clair, & marquées en long ſur le derriere d'un bord large & très-noir.

Les pyſtils reſſemblent à du fil, & ſont de la même longueur que les fleurs ; ils paroiſſent avec un ſtigmate brun & oblong, bordé des antheres avant la ſortie des fleurs.

M. Sparmann n'a pu encore trouver de germe, ſinon un très - petit, entouré d'aigrettes, & trop douteux pour en donner une deſcription ſûre ; il a donné à cette eſpece de Protée le nom trivial de *Sceptrum Guſtavianum*, & avec raïſon, puiſque jamais la Botanique n'a plus fleuri en Suede que ſous le regne de Guſtave III.

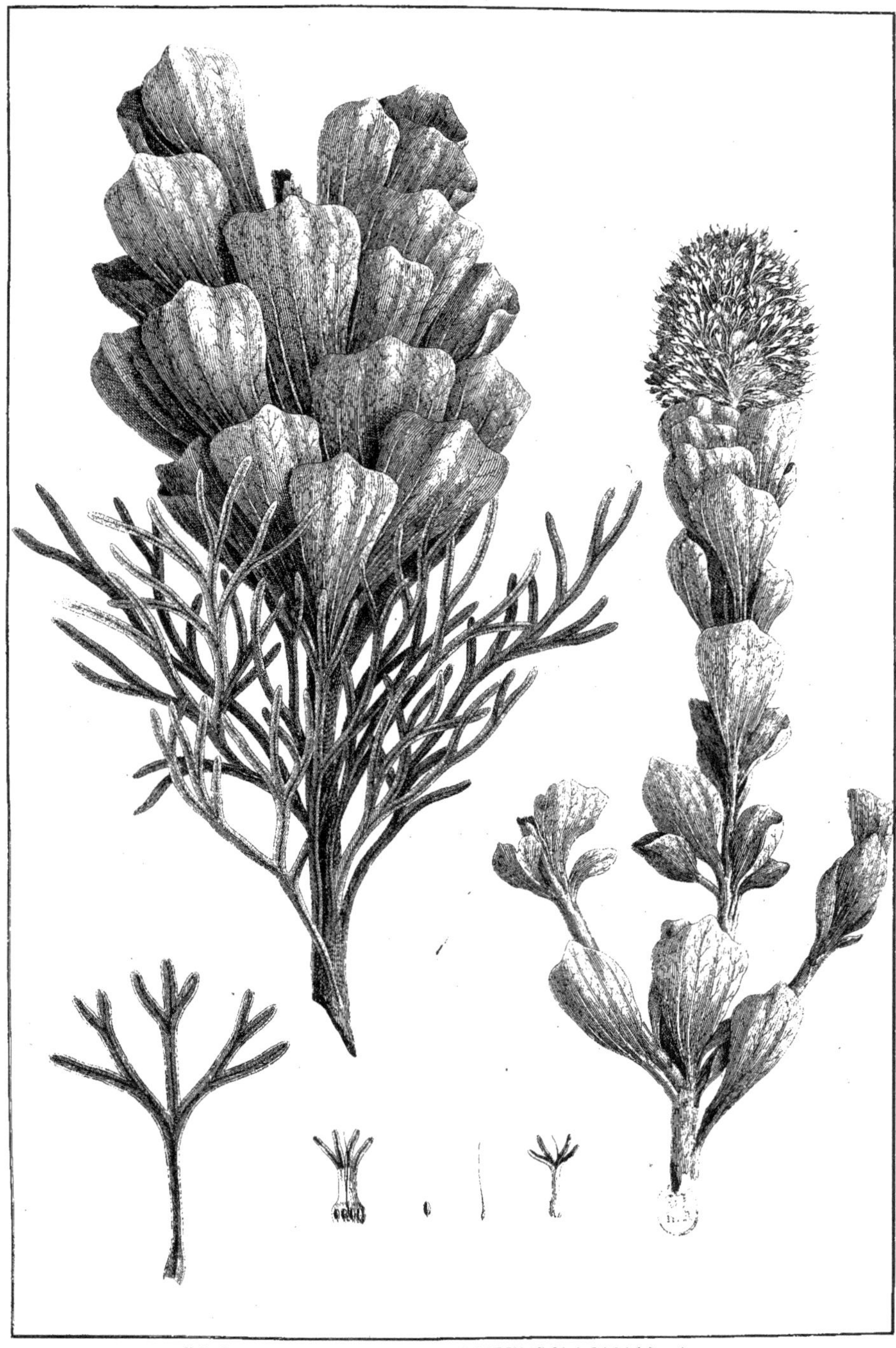

PROTEA SCEPTRUM GUSTAVIANUM. *Sparm.*

CLEMATIS BALEARICA. *Nobis.*

PLANCHE III.

CLEMATIS BALEARICA, la Clématite des Ifles Baléares.

Cette plante eft connue dans le Jardin du Roi, de Paris, fous les noms de *Clematis laciniata, ...* *Calycantha, Clematis caule fcandente, foliis tenuiter tripartito-multifidis, bracteá bifidá, calici formi, petalis maculatis.* Elle fut envoyée des ifles Baléares en 1761, par M. Antoine Richard, & elle a fleuri en Novembre & Décembre 1778; fes tiges font farmenteufes, grimpantes, ayant leurs nœuds éloignés les uns des autres; fes vrilles font oppofées, raineufes; fes feuilles font raffemblées par petits paquets oppofés, garnies de pétioles courts & affez grêles, luifantes, liffes, quoique parfemées de quelques poils, d'un verd rendu obfcur par une teinte légérement noirâtre, affez finement découpées, divifées en trois folioles amincies par leur bafe en pétiole; la foliole intermédiaire eft divifée par trois lobes étroits, oblongs & finués; les deux latérales ont deux lobes également finués; la bractée de la fleur eft d'un verd blanchâtre, légérement velue, monophyle, campanulée, fendue en deux, enveloppant la bafe de la corolle en maniere de calice; les pétales font au nombre de cinq, dont quatre font blanchâtres, tachés de pourpre en dedans, velus en-dehors, minces & prefque membraneux, oblongs, légérement obtus & un peu lâches. Les étamines font au nombre de fix, droites, une fois plus longues que les pétales, rapprochées en grand nombre. Les antheres font continues avec les filets, comme dans toutes les ranon-culées; les pyftils font très-nombreux, foyeux. Cette jolie plante paffe à Paris l'hiver en pleine terre; mais pour jouir complettement de fa fleur, il faut la tenir en pot, pour la mettre à l'abri des gelées.

PLANCHE IV.

RONNOWIA DOMINGENSIS, le Noifettier de S. Domingue.

LE Noifettier de S. Domingue eft un arbre qui s'éleve à plus de quarante pieds de haut, dont la racine eft pivotante & en même tems fibreufe ; fon tronc, quand il eft parvenu à fa hauteur ordinaire, a environ un pied de diametre : il eft droit, tuberculeux & calleux ; fon intérieur eft tendre, vifqueux & blanc ; fon écorce eft grifâtre, d'un goût âcre & d'une odeur forte ; au milieu du tronc on rencontre de la moëlle blanche, qui prend une teinte rougeâtre lorfqu'elle eft expofée à l'air. Cet arbre pouffe à fa cime plufieurs branches cylindriques, tortueufes, caffantes, raboteufes, remplies de moëlle ; aux extrémités de ces branches fe trouvent plufieurs feuilles difpofées alternativement, échancrées par leur bafe, légérement finuées dans leur contour, fans aucune dentelure, arrondies à leur fommet prefqu'en forme de cœur, d'un verd foncé en-deffus, & d'un verd pâle en-deffous, furmontées auffi en-deffous d'une groffe côte faillante, d'où partent des nervures alternes affez groffes, & différentes fibres difpofées en réfeau ; ces feuilles font fupportées par un pétiole arondi, moins long que celui de l'Omphalier de la Cayenne, & portant deux petits corps glanduleux à fon extrémité fupérieure. Les fleurs naiffent fur des grappes d'un pied & demi de long, attachées au tronc & aux branches de l'arbre ; fur la même grappe il fe trouve des fleurs mâles & des fleurs femelles. Cette grappe ou panicule eft d'abord droite, après quoi elle s'incline peu-à-peu, & devient enfin entiérement pendante. Quelquefois fur la même grappe il fe trouve plus de deux cens boutons ; chaque bouquet de fleurs qu'on y voit eft accompagné d'une feuille florale, longue, étroite, linéaire, le long de laquelle regne un petit filet ; les fleurs mâles font verdâtres, & n'ont qu'un fimple calice, fans aucune corolle ; elles n'ont auffi aucune odeur : ce calyce eft d'une feule piece, divifé profondement en cinq parties, dont deux font alongées, pointues ; les trois autres font un peu obtufes, creufées en cuiller, & recouvrent trois étamines qui fe trouvent attachées à un plateau, comme font attachées celles de l'Omphalier de la Cayenne. Les antheres font à deux bourfes, d'un rouge-pâle, & forment, en s'approchant l'une de l'autre, une efpece de triangle ; les fleurs mâles tombent quand les femelles font fécondées ; le calice de celles-ci eft auffi d'une feule piece, divifé profondement en cinq parties, comme eft celui des fleurs mâles, & perfifte ; leur pyftil eft un ovaire arondi ; à trois côtes & à trois fillons, furmonté par un ftyle creux, plus gros par le bas qu'à l'extrémité, & ayant trois ftigmates par-où entre la pouffiere fécondante ; le ftyle difparoît à mefure que l'ovaire groffit ; celui-ci devient une baie d'abord verdâtre, enfuite tachetée de gris ; il n'en refte pour l'ordinaire que cinq ou fix fur une même grappe : nous avons vu une de ces grappes chez M. Aublet, Botanifte du Roi ; c'eft cette même grappe que nous avons fait deffiner, & les feuilles repréfentées dans cette planche ont pareillement été deffinées d'après celles que nous avons trouvées dans fon Herbier. Lorfque les baies font mûres, elles font affez femblables aux noix enveloppées de leur brou ; elles fe partagent, lors de leur maturité, en trois loges, qui s'ouvrent chacune à deux battans, & qui font appercevoir dans leur milieu une efpece de noix fphérique, affez dure, renfermant dans fon intérieur une amande fphérique, recouverte d'une pellicule foyeufe & blanchâtre, ainfi & de même que l'intérieur de cette amande, affez femblable à l'amande de l'arbre qui produit la gomme élaftique, même à peu-près de fa groffeur, ayant le goût de l'aveline, & formées par deux cotiledons appliqués l'un fur l'autre, fur lefquels on remarque des nervures, comme dans les feuilles féminales.

Cette plante eft, fuivant Linnæus, une efpece d'Omphalier ; il l'a nommée *Omphalea* (*Triandra*) *foliis oblongis. Sp. Plant. 1377* ; mais elle ne peut faire partie de ce genre, puifque la fleur de l'Omphalier ne renferme que deux étamines, & que celle que nous avons décrite en renferme trois ; elle doit même être d'un ordre différent, fuivant le célebre Linnæus ; & quoique l'une & l'autre de ces plantes foient de la claffe des monœciques, cependant l'Omphalier doit être de l'ordre des driandriques, tandis que la plante décrite eft de l'ordre des triandriques ; d'ailleurs l'Omphalier ne peut s'élever qu'en grimpant après les arbres voifins, tandis que l'arbre que nous venons de décrire monte droit fans fupport, & peut être placé parmi les plus grands : nous ferons donc de la plante décrite un nouveau genre, que nous nommerons *Ronnowia*, en l'honneur de M. Ronnow, célebre Médecin de la Suede, Chevalier de l'Etoile-Polaire, premier Médecin de feu Sa Majefté le Roi de Pologne, Duc de Lorraine & de Bar, & Coopérateur à la formation du Collége Royal des Médecins de Nanci ; & comme ces arbres fe cultivent communément dans les habitations de Saint Domingue, nous lui donnerons pour nom trivial, celui de *Domingenfis :* nous placerons ce genre dans la vingt-unieme claffe de Linnæus, parmi les plantes monœciques, & au commencement du troifieme ordre de cette claffe, qui comprend les plantes driandriques ; & nous renverrons le genre de l'*Omphalea* à la fuite de l'ordre des driandriques. Le R. P. Nicolfon, Dominicain, a donc eu raifon, dans fon Effai fur l'Hiftoire Naturelle de Saint-Domingue, de dire qu'il ne croyoit pas qu'on pouvoit rapporter cet arbre à quelques-unes des plantes connues, ni fe difpenfer d'en faire un genre nouveau.

La defcription qu'il en a donnée eft affez bonne, fans être néanmoins auffi détaillée que la nôtre, qui a été faite d'après la plante même ; mais la figure n'eft pas, à beaucoup près, auffi exacte que celle repréfentée dans la planche, & de la fidélité de laquelle nous fommes fûrs. Browne, dans fon Hiftoire de la Jamaïque, en avoit auffi donné une figure, mais qui n'eft pas complette, & qui eft même très-différente de la vraie, puifqu'il ne repréfente pas les fleurs en grappe ou panicule, & qu'il ne dépeint le calyce qu'à quatre pieces ; d'ailleurs les feuilles qu'il en donne ne font pas ovales : ainfi, à tout égard, cette plante ne peut être celle que nous décrivons ; il l'avoit néanmoins rapporté fous la phrafe d'*Omphalandria foliis obovatis, glabris, ad bafim biglandulis, floribus triandris*, pag. 335. Tab. 22, *fig.* 8 : nous lui conferverons la même phrafe, qui nous a paru très-expreffive ; mais au lieu d'*Omphalandria*, nous mettrons feulement le nom de *Ronnowia*. M. Aublet eft le premier qui nous a donné une defcription exacte de l'Omphalier de Cayenne ; il l'a même déjà retiré de l'ordre des triandriques pour le placer parmi les driandriques, mais il n'a pas décrit l'arbre dont il eft ici queftion ; & il penfe qu'au moyen de la defcription & de la figure que nous venons de donner, cet arbre eft bien caractérifé, & qu'il ne doit plus refter aucun doute fur ce nouveau genre. Ses fruits, quand ils font frais, font auffi bons que des avelines ; auffi les mange-t-on de même, & leur a-t-on donné le nom de Noifetes de Saint-Domingue, mais en vieilliffant ils ranciffent : on trouve de ces arbres dans la Jamaïque, la Guiane françoife, & à Saint-Domingue.

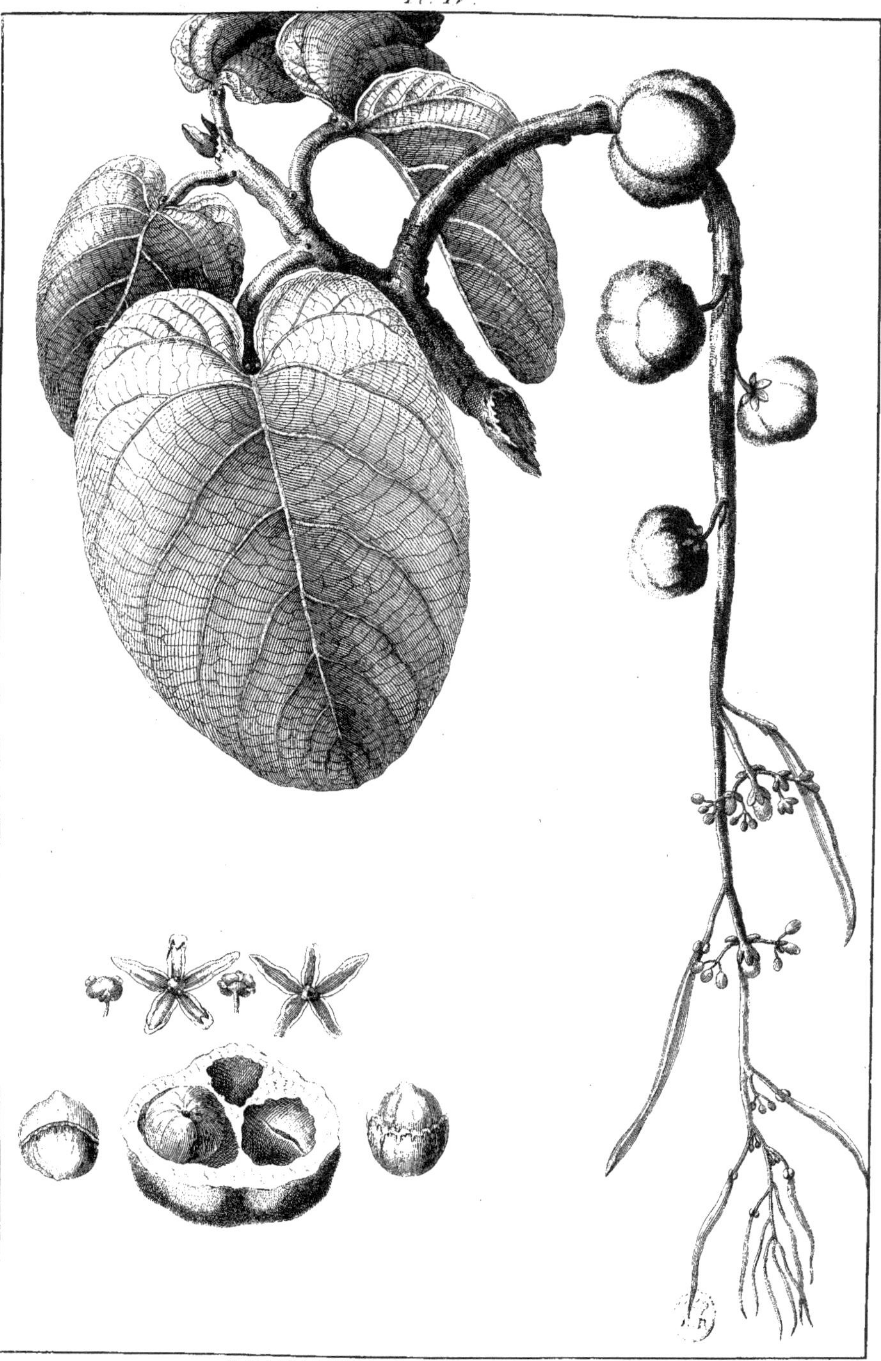

RONNOWIA DOMINGENSIS. *Nobis.*

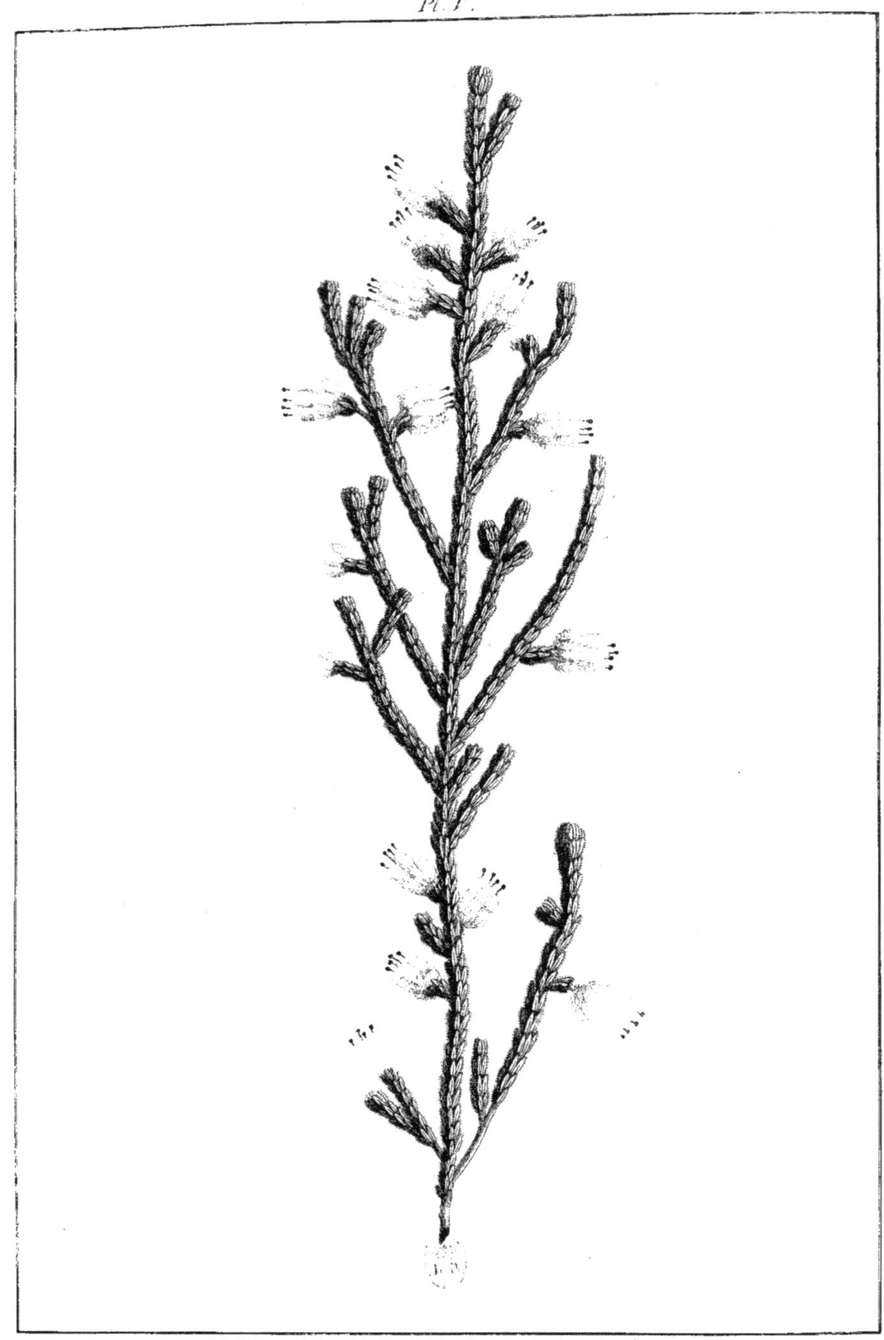

ERICA SPARMANNI. *Act. Acad. Reg. Stockholm 1778.*

PLANCHE V.

ERICA SPARMANNI, la Bruyere de Sparmann.

CETTE espece de Bruyere est un arbrisseau haut de deux pieds, vergé ; ses rameaux sont épais, un peu cylindriques, cendrés, brunâtres, roides, nuds, sans feuilles, cicatrisés, ayant ses cicatrices élevées, se couchant, tronqués ; les petits rameaux sont courts, hérissés, sillonnés, couverts de chaque côté de feuilles imbriquées, ce qui les épaissit au sommet & les rend obtus ; les feuilles des rameaux sont verticillées, quaternes, approchées, se couchant, imbriquées, recourbées au sommet, pétiolées, linéaires, en forme d'alêne, très-entieres, un peu convexes, sillonnées en-dessus d'un sillon longitudinal, profond, supérieurement très-glabre ; au-dessous & au bord, cartilagineuses, hérissées, ciliées, ayant les poils très-étendus, éloignés, blancs, à quatre rangs, plus grands au bord, sémi-onguiculées, persistentes ; les pétioles sont très-courts, linéaires, planes de chaque côté, très-glabres, abaissés ; les péduncules sont aux côtés des petits rameaux, axillaires, solitaires, s'étendans, très-courts, à peine plus courts que les fleurs, couverts de même que les rameaux de feuilles imbriquées, supportant une petite tête ; cette petite tête, avant que les fleurs s'allongent, est globuleuse, hérissée, de même que celle de l'Achyrante, formée par les soies jaunes, très-étendues de l'enveloppe des feuilles & du calyce, qui est droit avant la fleuraison, & qui ensuite se penche ; l'enveloppe est à quatre fleurs & à six ou huit feuilles, plus dilatées, très-hérissées au-dehors ; les soies sont de la longueur des feuilles ; les pétioles sont ciliés ; les fleurs sont au nombre de quatre, paralleles, à peine pédiculées, à bractées ; la foliole du calyce est à trois côtés, dont l'extérieur est convexe, droit, ayant six folioles en forme d'alêne, carénées à la base, ciliées, extérieurement très-hérissées ; cinq des plus près couvrent la partie extérieure de la fleur ; la sixieme est éloignée, intérieure, à carene ; la corolle est monopétale, en forme d'entonnoir, droite, deux fois plus longue que le calyce, jaune ; le tube est tétragonal, très-velu, à raies un peu étendues ; la bouche est fendue en quatre lobes égaux, très-courts, ovales, entiers, un peu étendus, intérieurement très-glabres ; les filamens des étamines sont au nombre de huit, insérés au réceptacle, capillaires, égaux, de la longueur du tube, très-glabres, blancs ; les antheres sont couchées, lancéolées, fendues en deux par le sommet, remplissant l'orifice de la fleur, pourpres ; le germe du pistil est turbiné, supérieurement plane, tétragonal, glabre, très-hérissé au sommet, blanc, sillonné ; le style est filiforme, glabre, plus long que les étamines, d'où ordinairement, vers la fin de la fleuraison, il paroît fort au-dehors ; le stigmate est plane, dilaté, tuberculé ; le péricarpe est une capsule. On a donné à cette plante la phrase *d'Erica (Sparmanni) foliis quaternis ; imbricatis, ciliatis, capitulis quadrifloris corollis tubulosis strigoso hispidis, antheris muticis, act. Acad. reg.* Stockholm *, an.* 1778.

PLANCHE VI.

ARBUTUS ANDRACHNE, l'Arboufier du Levant.

LES tiges de cet arbriffeau font cylindriques, courbées ou inclinées, & rameufes ; les rameaux naiffent irréguliérement, fuivant différentes directions ; les plus jeunes font élevés vers le ciel par leurs extrémités ; les tiges & les rameaux font de différentes couleurs, fuivant les faifons ; dans l'été d'un verd canelle, qui rougit par degrés, jufqu'à ce qu'il foit devenu rouge foncé en hyver ; l'extrémité des pouffes de l'année précédente, eft d'un rouge foncé ; les feuilles font en grand nombre, ovoïdes, de diverfes grandeurs, & naiffent fans ordre ; les plus grandes feuilles font longues d'environ quatre pouces, fur deux pouces & demi de large, la plupart très-entieres, quelques-unes légérement den- telées, toutes douces au toucher, & liffes, plus ou moins éclatantes & luifantes ; les pédicules des feuilles font longs d'environ un pouce, rouffes, liffes ; les feuilles naiffantes d'un verd pâle, avec un coup-d'œil jaune, agréablement ombré de rouge ; leur pédicule & la nervure du milieu font velus pendant les premiers mois ; les fleurs font en grappes longues, penchées, dont il fort fur les côtés de petites ramifications horifontales ; les ramifications font fimples & portent plufieurs fleurs, dont les pédicules font alternes, velus & vifqueux ; les fruits font des baies prefque ovales, longues d'un demi-pouce, tuberculeufes ; les tubercules font applatis & non pas pointus comme dans l'Arboufier commun ; l'ombilic eft occupé par une pointe noirâtre, longue d'une demi-ligne ; la chair ou pulpe eft rougeâtre en dehors, ou tirant fur l'orange, jaunâtre en dedans, plus ou moins agréable au goût, fuivant que les fruits font conditionnés : on a obfervé que les Andrachnés qu'on fe procure par la greffe fur l'Arboufier commun, different confidérablement des pieds élevés de graines, fpécia- lement en ce que les jeunes branches & les pédicules des feuilles font très velus, & que les feuilles font toutes fans exception, profondément dentelées comme l'Arboufier commun ; Linnæus donne à cette efpece d'Arboufier la phrafe *d'Arbutus caule arboreo, foliis glabris integerrimis, baccis polyfpermis*. Nous ne connoiffons qu'une feule figure de cet arbriffeau dans les Auteurs, encore fe trouve-t-elle noyée dans les Tranfactions Philofophiques, tom. 57. M. de Saint-Germain, Amateur de Botanique, en a deffiné une branche qui fe trouvoit en fleur dans fon jardin, c'eft d'après fon deffein que nous l'avons fait graver ; il a pareillement deffiné la Clematite des Ifles Baléariques, dont nous avons donné la figure dans la troifieme Planche. L'Andrachné vient naturellement dans le Levant ; on en mange les fruits dans le Pays.

ARBUTUS ANDRACHNE. *Linn.*

Fig. 1. FOTHERGILLA GARDENI. Linn. Fig. 2. LIEUTAUTIA MIRABILIS. Nobis.

PLANCHE VII.

I. *FOTHERGILLA GARDENI*, la Forthergille de Garden.

II. *LIEUTAUTIA MIRABILIS*, la Lieutaut admirable.

LA Fothergille eſt un petit arbuſte qui n'a été découvert que depuis peu , qu'on n'a pas encore décrit, ni figuré , excepté dans notre *Hiſtoire Univerſelle du regne Végétal* , part. 2 , cent. 7. decad. 5. fig. 1. Ce nouveau genre a été connu , pour la premiere fois, dans les Jardins du Roi d'Angleterre ; le ſieur Aiton , Jardinier , a donné à ce genre le nom de Fothergille, en l'honneur de M. Fothergil , Médecin à Londres ; il a envoyé, il y a quelques années, au Jardin de Trianon ce petit arbuſte : c'eſt d'après nature que nous l'avons fait deſſiner, & que nous en allons donner la deſcription. M. Murray eſt le premier Botaniſte qui a claſſé ce nouveau genre, mais probablement ſans l'avoir vu ; il l'a nommé *Fothergilla Gardeni* , dans la nouvelle & derniere édition du *Syſtema veget.* qu'il a publiée , pag. 418. Ce petit arbuſte croît à la hauteur d'environ un demi-pied ; ſa tige eſt ligneuſe , ronde , branchue , grisâtre ; ſes feuilles ſont en ſpatules, rondes , ſimples, ſans aucune dentelure, n'ayant qu'un ſoupçon de pétiole ; celles du bas de la tige ſont alternes , celles du ſommet ſont oppoſées ; la fleur eſt au haut de la tige , diſpoſée en forme de tête oblongue , compoſée de pluſieurs fleurons ; chaque fleuron ou petite fleur, a un calyce tronqué , très-entier : on n'y remarque aucune corolle ; les étamines ſont ſans nombre , blanches, ſurmontées par de petites antheres, rondes , jaunâtres ; le pyſtil eſt formé par un ovaire en forme de cône verdâtre , & par un ſtigmate fendu en deux : la capſule du fruit eſt à deux logès , ſemblable à celle de l'Hamamelis ; mais comme n'avons vu aucun fruit ſur l'arbre que nous décrivons, nous ne pouvons aſſurer le fait que par autrui ; on nous a ſeulement écrit de Londres , que les ſemences en ſont ſolitaires, oſſeuſes ; au reſte , comme on dit que cet arbuſte ſe trouve depuis l'année derniere au Jardin du Roi, il ſera facile de rectifier dans la ſuite ce qui concerne tant le fruit que les ſemences. D'après la deſcription que nous venons de donner, il eſt clair que ce petit arbriſſeau doit faire partie de la treizieme claſſe de Linnæus, qui comprend les plantes polyandriques, dyginiques , il nous vient originairement de la Caroline, il réſiſte en plein air.

Un Botaniſte , qui ſe dit célebre , & qui, pour avoir voyagé au Sénégal, prétend que la nature n'a rien caché à ſes yeux clair-voyans, s'eſt néanmoins fort trompé en prétendant que la Fothergille que nous venons de décrire eſt diœcique ; s'il avoit eu la fleur ſous les yeux , comme elle a été ſous les nôtres , il ſe feroit bien apperçu qu'elle étoit hermaphrodite : il ne faut pas confondre le genre décrit avec un autre de la Guiane françoiſe , à laquelle M. Aublet a donné auſſi le nom de Fothergille , parce qu'il ignoroit pour lors qu'il y eût une plante qui portât ce nom ; la Fothergille de M. Aublet eſt totalement différente & même d'une autre claſſe. Pour rectifier cette erreur , nous avons donné à la Fothergille de M. Aublet le nom de *Lieutautia* , en l'honneur de M. Lieutaut , premier Médecin du Roi, auſſi recommandable par ſa probité que par ſes écrits. Nous ne décrirons point ici cet autre genre , puiſqu'il ſe trouve décrit dans l'Hiſtoire des Plantes de la Guiane françoiſe ; nous en avons ſeulement donné la figure , afin qu'au premier aſpect de ces deux plantes, on en puiſſe appercevoir la différence.

PLANCHE VIII.

HUDSONIA ERICOIDES, l'Hudsone en forme de Bruyere.

LA plante dont nous allons donner la defcription, eft connue chez les Botaniftes fous les noms d'*Hudfonia Ericoides, Lin. Syft. Nat. 327, mant. 1, pag. 11, 74, Forfter flor. Americ. feptent. pag. 21, ericæformis fuffrutex Virginianus, floribus exiguis, vafculo feminali oblongo, trifariam divifo. Pluk. mant. pag. 68*; elle croît naturellement dans la Virginie, fous la forme d'arbriffeau; fa tige eft ligneufe, couchée, cylindrique, raboteufe par fes cicatrices; fes rameaux font très-nombreux, épais, droits, feuillés, fupérieurement un peu rameux; les petits rameaux font très-droits; les feuilles font éparfes en forme d'alêne, aiguës, poileufes, applaties, imbriquées, longues d'une ligne ou un peu plus; les jeunes feuilles d s rameaux font hériffées; les fleurs font pédiculées, en grappe au côté; les grappes font cylindriques, nombreufes, fortant de toute la fommité des rameaux, terminales, feuillées, fimples ou compofées de petites grappes courtes, difpofées fur de petits rameaux propres, latéraux; les pédicules font cylindriques, velus, longs de deux lignes, à une fleur, folitaires, fortans d'un périchetion feffile, compofé de plufieurs folioles en faifceaux, imbriquées, femblables à celles des rameaux; le périanthe du calyce eft inférieur, partagé en trois, ayant fes folioles lancéolées, obtufes, un peu concaves, hériffées en dehors, glabres en dedans, jaunâtres; les pétales de la corolle font au nombre de cinq, jaunes, feffiles, ovales, oblongs, obtus, plus courts que le calyce, les filamens des étamines font depuis quinze jufqu'à dix-huit, foyeux, de la longueur de la corolle; les antheres font rondes; le germe du pyftil eft fupérieur, ovale, fupérieurement velu; le ftyle eft cylindrique, de la longueur des étamines; le ftygmate eft fimple; la capfule eft oblongue, plus courte que le calyce, à une loge, à trois valves; les femences font au nombre de trois: cette plante a prefque le port de la Bruyere; elle approche beaucoup du Millepertuis, mais elle eft dodecandrique.

HUDSONIA ERICOIDES. *Linn.*

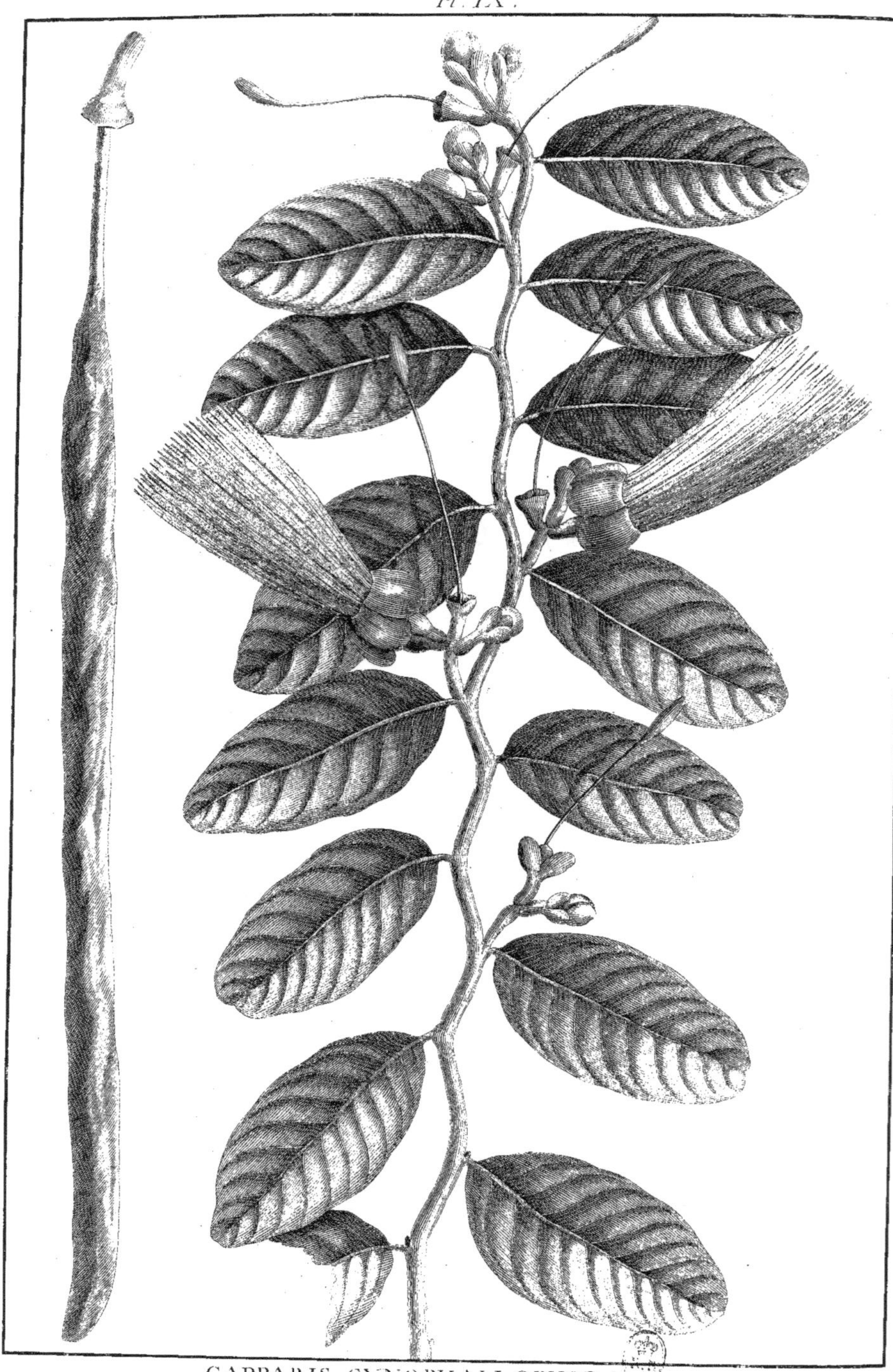

CAPPARIS CYNOPHALLOPHORA. *Linn.*

PLANCHE IX.

CAPPARIS CYNOPHALLOPHORA, la Feve du Diable.

CETTE efpece de Caprier vient en arbre ; fes feuilles font oblongues, ovales, prefque obtufes, ayant leurs bords tres-entiers, un peu réfléchis ; elles font glabres par-deffus, luifantes, avec un fillon longitudinal le long de la nervure, & par-deffous pâles, ou d'une couleur argentée, grife & ponctuées ; le fommet des rameaux fe termine en une panicule à fleurs ; les rameaux font cylindriques & deviennent anguleux vers la panicule, & les rameaux de cette même panicule font anguleux ; le calyce & la corolle font partagés en quatre, dont les folioles font ovales, égales, par-deffous d'une couleur femblable à celle de la fleur de *l'Elæagnus* ; les étamines font très-longues, pourpres, le germe eft oval, oblong, appuyé fur le fommet du ftyle ; le fruit eft à filique & bivalve. Linnæus nomme ce Caprier, *Capparis pedunculis multifloris, terminalibus, angulatis, foliis perfiftentibus, ovalibus, obtufis,* & le P. Plumier, *Capparis arborefcens, lauri foliis, fructu longiffimo.* M. Aublet nous a fourni le deffein de cet arbre d'après fon Herbier : nous avons cru devoir le faire graver à caufe de fon exactitude, quoiqu'il fe trouve déjà gravé dans l'Hiftoire de la Jamaïque, par Browne, dans les plantes de l'Amérique de Plumier, par Burmann ; dans l'Almageftum de Plukenet, & dans l'Hiftoire des Plantes de l'Amérique, par Jacquin : il croît naturellement dans l'Amérique méridionale & dans les Antilles.

PLANCHE X.

NICOTIANA RUSTICA, la vraie Nicotiane.

LA racine de cette espece de tabac est quelquefois simple ou grosse comme le doigt, quelquefois fibreuse, toujours blanche; sa tige s'éleve à la hauteur de deux pieds, elle est ronde, velue, solide, glutineuse; ses feuilles sont moins grandes & plus épaisses que celles du tabac ordinaire, obtuses par le bout avec de courts pétioles, plus glutineuses que celles du tabac, & couvertes d'un duvet très-fin; les fleurs naissent au sommet, disposées en maniere de tête, d'une couleur jaune & pâle; le périanthe de leur calyce est monophylle, ovale, à demi-fendu en cinq, persistant; la corolle est monopétale, infundibuliforme; le tube est plus long que le calyce; le lymbe est ouvert, à demi-fendu en cinq, à cinq plis; les filamens des étamines sont au nombre de cinq, en forme d'alêne, presque de la longueur de la corolle, droits; les antheres sont oblongues; le germe du pystil est oval; le style est filiforme, de la longueur de la corolle; le stigmate est en tête, échancré; le fruit est arrondi; ses semences sont nombreuses, très-petites & rondes. Linnæus nomme cette plante *Nicotiana foliis petiolatis ovatis integerrimis, floribus obtusis;* elle est annuelle & croît naturellement dans l'Amérique; nous n'avons encore vu aucune figure de cette plante aussi exacte que celle que nous avons fait représenter dans cette dixieme planche: c'est de cette plante dont mon pere se servoit pour faire son Eau distillée, qui étoit si connue à Metz sous le nom *d'Eau de Buc'hoz* : il en faisoit aussi usage pour guérir les blessures, plaies & abcès; j'ai vu opérer des prodiges par cette plante miraculeuse; nous ne pouvons assez en recommander l'usage dans la plupart des maladies chirurgicales : combien de jambes & de bras ne sauveroit-on pas par son moyen, sans être obligé d'en venir à l'amputation!

NICOTIANA RUSTICA. *Lam.*

OCYMUM THYRSIFLORUM. *Linn.*

PLANCHE XI.

OCYMUM THYRSIFLORUM. Linn. Bafilic en Bouquet.

LA racine de cette plante eft fibreufe , & annuelle ; la tige eft ligneufe , longue de deux pieds , de la groffeur d'une plume de cygne, droite, à quatre angles obtus, revêtue vers fa partie inférieure, d'une écorce grife, gerfée, d'ailleurs verte & un peu poileufe, & eft depuis la bafe rameufe, paniculée ; les articulations font prefque éloignées d'une main, & font plus courtes en haut. Les rameaux font oppofés de chaque côté, longs, s'étendans, divifés , à deux côtés cannellés, les autres font convexes ; les feuilles font lancéolées, ovales, plànes, glabres , mais âpres à la carêne, pointillées de chaque côté, rayées, entieres à la bafe, au furplus , légérement découpées à dents de fcie, diftantes les unes des autres, aiguës, longues de deux pouces, d'un verd pâle , horifontales, ou repliées obliquement par le dos, d'une odeur forte en les brifant, pétiolées, à pétioles cannellés, axillaires , de moitié plus courts que les autres; les panicules font terminales , dont celle de la tige eft très-épaiffe , prefque de la groffeur du poing, plane, compofée de petits rameaux difpofés par branches, au fommet defquels fe trouvent d'autres petits rameaux approchés les uns des autres , à fleurs ternes de chaque côté, appuyées fur une braêtée lancéolée, entiere, ciliée ; les fupérieures s'avortent fouvent , ce qui fait que les braêtées forment comme une efpece de chevelure. La fleur eft plus petite que celle du Bafilic commun. M. de Linné nomme cette efpece: *ocymum floribus paniculato-fafciculatis , caule ramofiffimo. Mant. 1. p. 84 fyft. Veg. edit. XIII. pag.* 455. Cette plante a levé parmi plufieurs autres , dont les femences avoient été envoyées des Indes Orientales , à M. Muller.

PLANCHE XII.

ORNITHOGALLUM ALBUM BALEARICUM nobis : l'Ornithogalle de l'ifle de Minorque.

CET Ornithogalle a été apporté de l'ifle de Minorque, par M. Antoine Richard, Jardinier très-célebre de la Reine, à Trianon : fa racine eft bulbeufe ; fes feüilles font radicales, larges, grandes, un peu pointues ; fa hampe eft ronde, prefque deux fois plus haute que les feuilles, terminée par un épi en forme de cône, de fleurs d'un blanc de lait fort larges, montantes & très-ouvertes à l'inftant de leur floraifon ; chaque fleur a une braftée pointue fupérieurement, qui enveloppe fon péduncule à fa fortie de l'hampe ; elle n'a point de calice ; chaque corolle eft compofé de fix pétales obtus ; les étamines font au nombre de fix, terminées par des antheres triangulaires : le pyftil eft formé par un embryon à trois angles, par un ftyle droit, qui perfifte, & par un ftigmate obtus ; la capfule eft anguleufe, à trois loges, trois valves & trois angles, & renferme plufieurs femences.

M. Richard a encore rapporté du même endroit, un autre Ornithogalle, dont les fleurs font jaunes & en bouquet, & qui fe trouve gravée dans notre colleftion précieufe & enluminée des plus belles fleurs qui fe cultivent tant dans les jardins de la Chine, que dans ceux de la France. *Voyez tom. II. pl. 4.* Ces deux plantes méritent d'occuper une place diftinguée dans nos jardins ; elles demandent l'orangerie.

ORNITHOGALLUM ALBUM BALEARICUM. *Nobis.*

MATRICARIA SINENSIS FLORE PLENO. *Nobis.*

PLANCHE XIII.

MATRICARIA SINENSIS FLORE PLENO *nobis* : la Matricaire de la Chine
à fleurs doubles.

CETTE Matricaire a le port & le feuillage des Matricaires ordinaires, mais fes fleurs font beaucoup plus grandes : nous n'avons repréfenté ici que l'efpece à fleurs doubles, n'ayant pu nous en procurer de fimples ; elle forme le plus bel ornement des jardins de la Chine ; il s'en trouve de violettes, de bleues, de rouges, de jaunes & de plufieurs autres couleurs, il feroit bien à defirer pour nos fleuriftes, que nous puiffions nous procurer ces différentes variétés de Matricaire de la Chine, pour l'embelliffement de nos parterres; nous en avons repréfenté quelques variétés, avec leur couleur naturelle, dans notre *collection précieufe & coloriée des fleurs qui fe cultivent tant dans les jardins de la Chine, que dans ceux de l'Europe. Voyez, partie I. pl. 7 & 86.*

PLANCHE XIV.

POA ABYSSINICA. H. R. P. La Poherbe d'Abyffinie.

CETTE plante qu'on nomme dans l'Abyffinie *Theef*, eft de la famille des graminées : elle acquiert ordinairement deux pieds & plus de hauteur, lorfqu'elle croît dans un terrein humide ; celle qu'on cultive dans les jardins, pouffe pour l'ordinaire à la hauteur de trois pieds & demi ; les fleurs viennent au haut des tiges par panicules ; ces panicules fortent du dedans de la gaîne d'une feuille ; les tiges font articulées, comme celles du chiendent ; les feuilles ont des petits poils à l'orifice de leur gaîne ; les tiges font fans nombre, toutes réunies enfemble, ne provenant que d'un grain imperceptible. Ces tiges ou chalumeaux occupent un efpace de plus de fix pouces de diamettre par leur quantité ; les racines font affez longues ; le calice de la fleur eft compofé de deux écailles ou balles ; la corolle eft auffi compofée de deux balles, dont l'une grande, & l'autre plus petite, & renferme une ovaire & trois étamines ; deux de ces étamines font derriere l'embryon, l'une eft attachée à la plus petite des deux balles, & l'autre eft attachée du côté de la plus grande. L'ovaire ou embryon a deux ftyles, furmontés d'un ftigmate rond, il fe change en une graine très-petite, lors de fa maturité ; la panicule eft formée par plufieurs autres panicules ou épis, dont chacune eft compofée de fept fleurs, & chaque fleur renferme un grain. Les détails repréfentés dans la planche, ont été vus à la loupe. Cette plante n'eft connue que depuis peu en France ; les grains qu'elle donne renferment une efpece de farine propre à faire du pain : les peuples de l'Abyffinie s'en fervent même pour cet ufage. Voyez notre *Hiftoire générale & Économique des trois Regnes*, dans le Traité de l'*Hiftoire naturelle de l'Homme*, in-folio, pages 145 & 158.

POA ABYSSINICA. h.R.P.

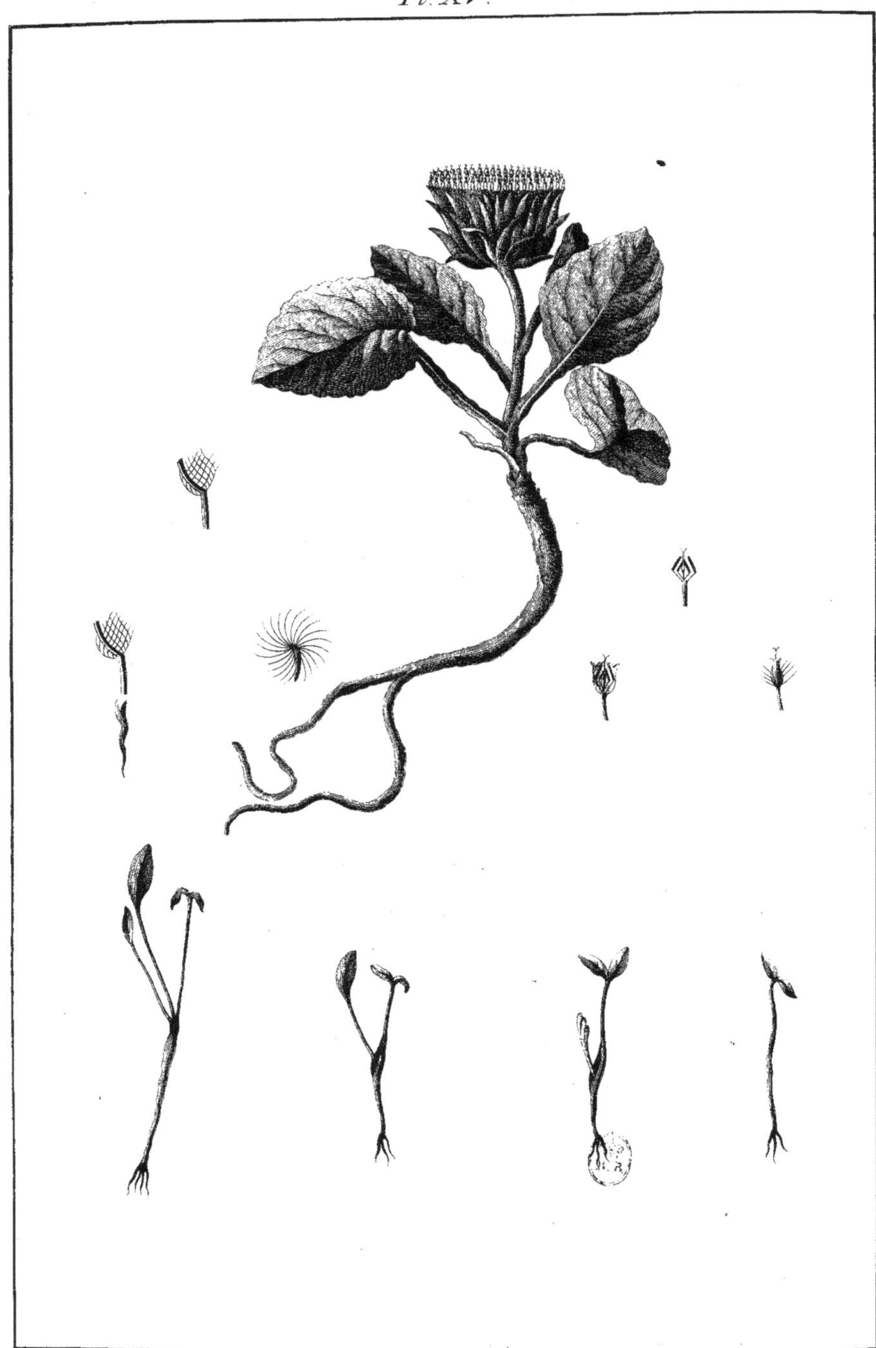

VILLARIA SUBACAULIS. *Guettard, et Nobis.*

PLANCHE XV.

VILLARIA SUBACAULIS, *Guettard & nobis* *BERARDIA SUBACAULIS*
Villar: la Villar fans tige.

Cette plante , quoiqu'apperçue par plufieurs Botaniftes, n'a jamais été décrite avec exactitude : il eft même probable qu'elle n'a été trouvée que par Dalechamp & Tournefort ; comme elle mérite de faire un nouveau genre , M. Villars qui a créé ce genre, l'a confacré à la mémoire de Pierre Berard, Apothicaire & Botanifte de Grenoble, qui a laiffé un théâtre Botanique manufcrit , très-bien confervé , qui exifte dans la bibliothcque publique de cette ville. M. Guettard , dans la préface qui eft à la tête de fes Mémoires, fur l'Hiftoire naturelle du Dauphiné, a changé la dénomination de ce genre, & lui a donné le nom de *Villaria*, en honneur de l'inventeur ; nous nous fommes conformés à cette dénomination , & en effet, M. Villar mérite bien qu'on lui accorde cet honneur, tant par fon goût inné, & fes talens dans la Botanique, que pour les peines qu'il s'eft données, de parcourir, avec M. Guettard, tout le Dauphiné , pour en publier l'Hiftoire végétale ; d'ailleurs il nous annonce encore dans le profpectus de cette hiftoire, un nouveau fyftême pour l'arrangement des plantes, qui nous a réellement fait plaifir. La plante dont il s'agit ici, fait partie de la cinquieme claffe de fon fyftême, qui comprend les plantes dont les fleurs ont cinq étamines ; du quatrieme ordre de cette claffe, deftiné aux fleurs compofées & de la feconde fection de cet ordre, qui comprend les Cynarocéphales.

Le caractere du nouveau genre de plante , que nous appellons la Villar, eft d'avoir le calice oval, écailleux, à feuilles linéaires, un peu écartées, fans piquans ; les fleurs font tubulées, hermaphrodites , à cinq divifions fans calice propre ; les étamines font réunies par leurs antheres oblongues ; le pyftil eft divifé en deux à fon extrêmité, plus long que le fleuron ; le germe eft oblong, un peu cannelé, irréguliérement quarré ; la femence eft oblongue , cannellée, terminée par une aigrette feffile à filets fimples, dentés, vus à la loupe ; cette aigrette eft la continuation de la premiere enveloppe de la graine, elle ne s'en fépare pas, & fes barbes fe roulent en tourbillon à droite , ou à contre-fens du foleil. (*Tous ces détails caractériftiques fe trouvent gravés dans la planche , à chaque côté de la plante.*). La feconde enveloppe eft liffe, verdâtre, dure & cartilagineufe. Le noyau eft oblong, pointu à fa bafe, en forme de mamelon, un peu applati à fa partie fupérieure ; celle-là devient la radicule , par fon prolongement , & celui-ci par fon gonflement ; & fon écartement forme deux cotyledons ellyptiques, fans poil ni nervure, ainfi qu'il eft repréfenté au bas de la planche ; le réceptacle eft nud, alvéolé comme ceux des onopordons ; M. Villar ne rapporte de ce genre qu'une feule efpece, c'eft la *Villaria fubacaulis, Guettard & nobis*, & *Berardia fubacaulis , Villar. Villaria foliis craffis tomentofis, fubrotundis, caule unifloro. Arction quorumdam Dalechamp. Lugd. 1307. edit. Gall. III. 197. Tourn. Paris. I. 341. Parkinf. Theatre*, 1374. *Rai. Hift.* 332. *Gefn. Æn. Tab. VI. fig. 57. Diofc. XCI. amat. Diofc. CXCI. Rhaponticum caule humili, unifloro : foliis integris, tomentofis. Hall. enum.* 688. *Hift. adn.* 160. *add. III.* 183. *Lappa montana altera lanuginofa. C. Bauh. Phytop.* 372. *Pin.* 198. *Moris. III.* 147. *Tourn. herb. ficc. Centaureum maius alpinum , acaulos fermè, foliis verbafci lanuginofis. Tourn. Inft.* 449. *Elem. Botan.* 336. *Vaill. mff.* 488. *Inft. herb. ficc. Rhaponticoïdes acaulos fermè, verbafci folio, capite magno. Vaill. Mem.* 1718. 226. Βοτανοαρχτ.οιδης. *Rich. Icon.*

La racine de cette efpece eft longue, blanche, tendre & fucculente, recouverte en dehors par des écailles minces & feuilletées, qui fe féparent facilement ; les feuilles font petiolées , cotonneufes, rondes ou cordiformes , rarement dentées ; les fupérieures font plus petites & plus alongées. La tige n'a que deux ou trois pouces : elle eft épaiffe , droite & cotonneufe ; elle fe termine par une fleur unique , affez groffe, reffemblant à une tête d'artichaut ; les fleurons font de couleur blanchâtre, obfcure, tirant fur le jaune. Le calice refte droit après la maturité ou la chûte des graines. Elle vient dans le haut Dauphiné, aux environs de la Mure, dans le Champfaur, le Queyras, le Briançonnois, l'Embrunois, aux environs de Gap, & elle eft vivace.

Il eft à obferver que les premieres feuilles de cette plante ne fortent pas du centre des cotyledons , comme dans les autres plantes, mais du collet de la racine, ou de la partie inférieure du fupport réuni des deux cotyledons, qu'elles ouvrent par une efpece de fente latérale & longitudinale. Les cotyledons alors fe fanent, & périffent avant ou dans le tems même, qu'une feuille radicale, qui leur paroît entiérement différente, va naître à côté. Voyez au bas de la planche, les figures qui repréfentent le développement & les premiers progrès de cette germination finguliere.

La racine de cette plante , au rapport de Pline, cuite dans du vin, eft excellente contre la douleur des dents, fi on en tient long-tems la décoction dans la bouche ; elle eft fur-tout très-bonne pour les brûlures & les engelures. On prétend que cette même décoction prife intérieurement, convient à ceux qui font attaqués de la fciatique, & qui ne peuvent uriner que très-difficilement.

E

PLANCHE XVI.

STEWARTIA MALACODENDRON. Linn. L'Arbre Tendre.

C E T arbriffeau pouffe de fa racine plufieurs tiges roides & inflexibles , d'une hauteur ordinaire ; les feuilles font femblables à celles du cerifier , dentelées très-aigument, velues en-deffous , & difpofées alternativement ; les fleurs reffemblent, dit Catesby, à une rofe fimple, & confiftent en cinq pétales blancs & concaves, avec un ftylet qui fort d'un ovaire , d'un verd pâle , & qui eft environné de plufieurs étamines couleur de pourpre , avec des fommets bleuâtres ; ce qu'il y a de plus fingulier, c'eft qu'un pétale particulier de chaque fleur eft teint d'un jaune verdâtre affez foible ; le calice eft partagé en cinq fegmens ; la capfule eft rude, chevelue en dehors, & d'une figure conique ; lorfqu'elle eft parvenue à fa maturité, elle fe fend & découvre cinq cellules membraneufes , chacune defquelles renferme une feule femence oblongue, d'un brun luifant.

Le caractere de ce genre de plantes, fuivant M. le Chevalier de Linné , eft d'avoir le périanthe du calice monophylle, s'étendant, & partagé en cinq découpures ovales, concaves & perfiftantes ; les pétales de la corolle font au nombre de cinq, ovales, s'étendans, égaux, grands ; les filamens des étamines font nombreux, filiformes, raffemblés inférieurement en cylindre, plus courts que la corolle, s'uniffant aux pétales par la bafe ; les antheres font rondes, couchées ; le germe du pyftil eft rond, hériffé ; le ftyle eft fimple, filiforme, de la longueur des étamines. Le ftigmate eft fendu en cinq ; le péricarpe eft une pomme fans fuc, à cinq lobes, à cinq loges, fe divifant en cinq parties fermées. Les femences font folitaires, ovales, applaties. M. le Chevalier de Linné a placé ce genre dans la feizieme claffe de fon fyftême, qui comprend les plantes monadelphiques, & dans le cinquieme ordre de cette claffe, deftiné aux plantes polyandriques ; il n'en rapporte qu'une feule efpece, qui eft précifément celle qui fe trouve figurée ici, & dont nous avons donné ci-deffus la defcription ; on lui a donné le nom de Stewartia, en l'honneur du Comte de Stewart, dans le jardin duquel elle a fleuri pour la premiere fois en Europe. M. Duhamel a publié la figure de cette plante, dans fon Traité des Arbres & Arbuftes ; elle fe trouve pareillement repréfentée dans les mémoires d'Upfal, année 1740, & dans l'hiftoire de la Caroline, par Catesby, Tome 3 , Planche III. Elle croît naturellement dans la Virginie, & peut réfifter en pleine terre dans nos climats. Voyez ce que nous difons de cette plante, dans notre *Hiftoire univer-felle du regne végétal.*

STEWARTIA MALACODENDRON. *Linn.*

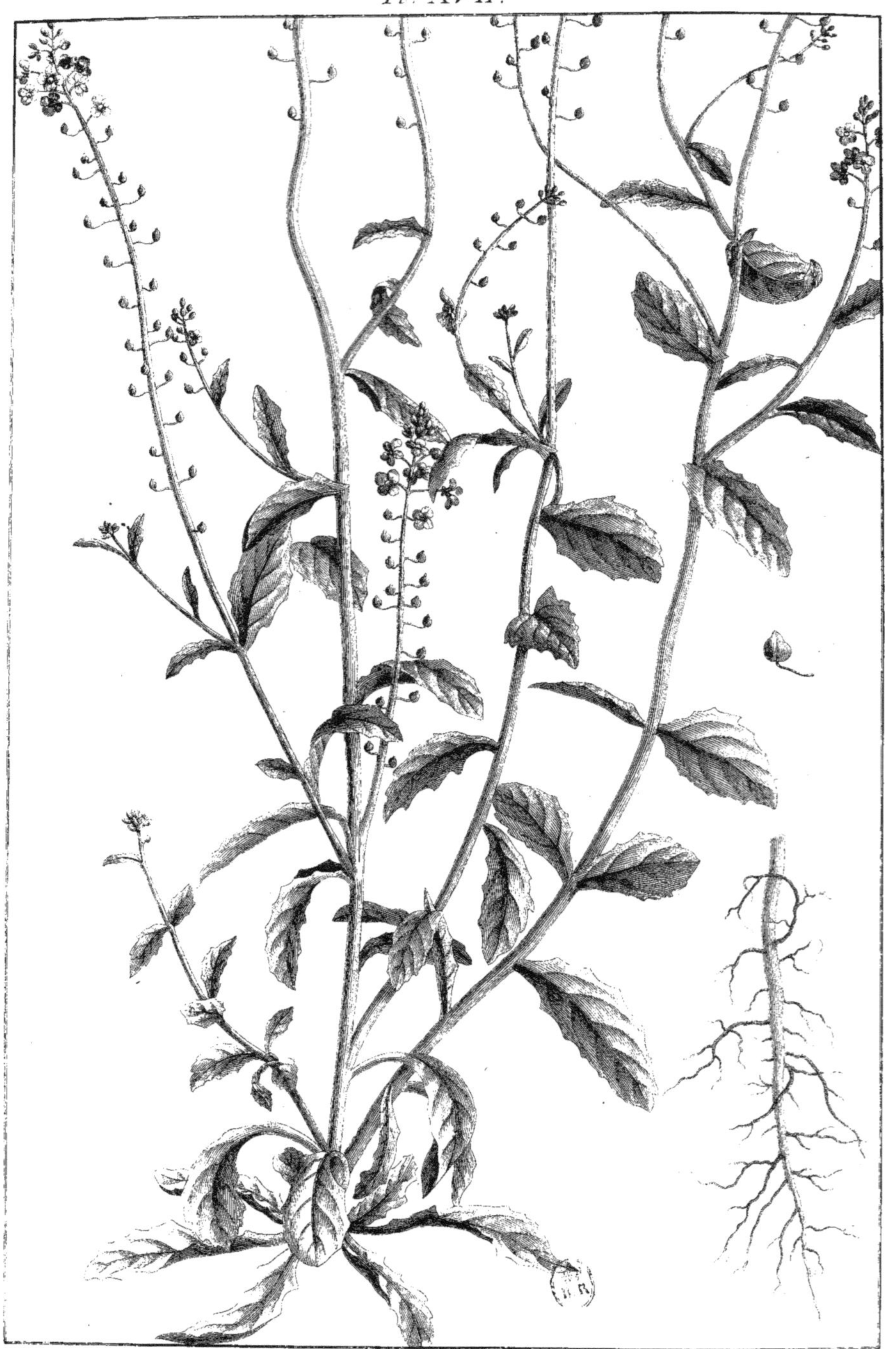

BUNIAS COCHLEARIODES. *Murray.*

PLANCHE XVII.

BUNIAS COCHLEARIOIDES, *Murray*. Roquette en forme de Cochlearia.

L A plante eft haute de deux pieds ; la racine eft grefle , fibreufe vers les côtés ; la tige avec les rameaux eft anguleufe , fillonnée, glabre, prefque rameufe vers la racine ; les rameaux font alternes , minces , alongés , s'étendans , lâches , divifés ; en général les feuilles font oblongues , finuées , dentelées , veineufes , dont la fibre du milieu s'éleve par derriere , divifées en deux plans , horizontales ou réfléchies ; les radicales & inférieures de la tige fe terminent en un pétiole cannellé , plus longues d'une main , de la largeur d'un demi-pouce ; les feuilles fupérieures de la tige & des rameaux , font amplexicaules , à bafe élevée , plus légérement finuées , aiguës , à dents plus aiguës ; les grappes terminales de la tige & des rameaux font longues , à pédicule prefque d'un pouce , & horifontaux ; le calice eft ouvert , à quatre folioles ovales , concaves , membraneufes , au bord plus pâles ; la corolle eft en croix blanche , s'étendant , à onglet étroit : les lames font rondes , blanches , à bafe femi-lunaire : les étamines font tetradynamiques , dont quatre font un peu plus longues que les onglets , à filamens pâles , à antheres didymes , jaunes , fe couchant. Le pyftil eft unique , un peu plus court que les étamines , à germe oblong , oval , fans ftyle , & à ftigmate rond , jaune ; la filicule eft en forme de cœur , ovale , luifante , aiguë , étroite à la bafe , pleine de fuc , réfléchie , à deux loges luifantes , brunes après l'exficcation ; il n'y a qu'une feule femence dans chaque loge jaune , en forme de rein , plane d'un côté , rayé & convexe de l'autre.

Cette plante a été envoyée par M. Pallas , à M. Murray , qui l'a trouvée dans des bas prés , près Jaick , dans l'Empire Ruffe ; elle fleurit la feconde année , & paroît approcher de celle que Buxbaum a repréfentée dans fa centurie premiere , Planche III , fig. 2. M. Murray lui a donné la phrafe fuivante : *Bunias filiculis cordato - ovatis levibus inflexis.*

PLANCHE XVIII.

QUASSIA AMARA. Linn. L'Arbre de Quaffie.

L'ARBRE de Quaffie fournit un remede trop intéreffant dans la nouvelle médecine, pour n'en pas donner la figure & la defcription dans ce recueil. Ses fleurs font difpofées en grappes, à l'extrêmité des branches, & ont le port & le volume des fleurs de la fraxinelle ; le calice eft très-court, formé de cinq pieces ovales, qui fubfiftent après les pétales : il y a cinq pétales égaux, alongés, écartés les uns des autres, accompagnés d'un nectaire, qui confifte en cinq écailles ovales, velues, implantées à la bafe des filets des étamines. Ces filets au nombre de dix, font égaux, très-menus, auffi longs que les pétales, & furmontés de fommets oblongs, qui ont une pofition à-peu-près horizontale. Cinq embryons de forme ovale, qui ne font que des filets, & qui égalent la longueur des pétales, font joints enfemble, fur un placenta charnu & orbiculaire. Il leur fuccede cinq fruits de forme ovale, obtus, écartés les uns des autres, & placés vers les bords du placenta, où ils s'inferent ; ils font féparés intérieurement en deux loges, dont chacune renferme une femence unique & à-peu-près ronde. Le tronc de l'arbre eft cylindrique & cendré ; il produit peu de branches & de rameaux ; les jeunes pouffes ont l'écorce verte & très-légerement pointillée de blanc. Les feuilles font alternes, compofées de trois ou quatre rangs de folioles rarement bien oppofées ; ces folioles n'ont point de pétales, & font attachées fur un long filet commun, lequel eft bordé d'une feuille membraneufe affez large, & fe termine par une pointe fine & molle. La forme de chaque foliole eft un oval alongé, très-entier, liffe, terminé en pointe, marqué de quelques veines ou fibres, long comme le doigt, large d'environ deux pouces, d'un verd gai, avant fon développement, la foliole eft pliée en deux, enforte que fes côtés font paralleles : ces folioles fubfiftent fouvent jufqu'à la fin d'automne : la racine de Quaffie eft groffe comme le bras, & blanchâtre en dedans, mais elle jaunit à l'air ; on y trouve intérieurement de l'aubier fans bois, & de la moëlle qu'on ne peut féparer d'enfemble ; fon écorce eft grife, fine, raboteufe, & comme gerfée en quelques endroits.

Le bois de Quaffie ou plutôt fa racine, eft la feule partie en ufage de cet arbre ; il convient dans les fievres & dans toutes les maladies, qui reconnoiffent pour caufe l'acide, telle que l'hypocondriacie, les fleurs blanches des femmes, la goutte, & même le fphacele ; nous nous fommes fervis de ce bois avec fuccès ; on le tire de Surinam, où il eft très-abondant.

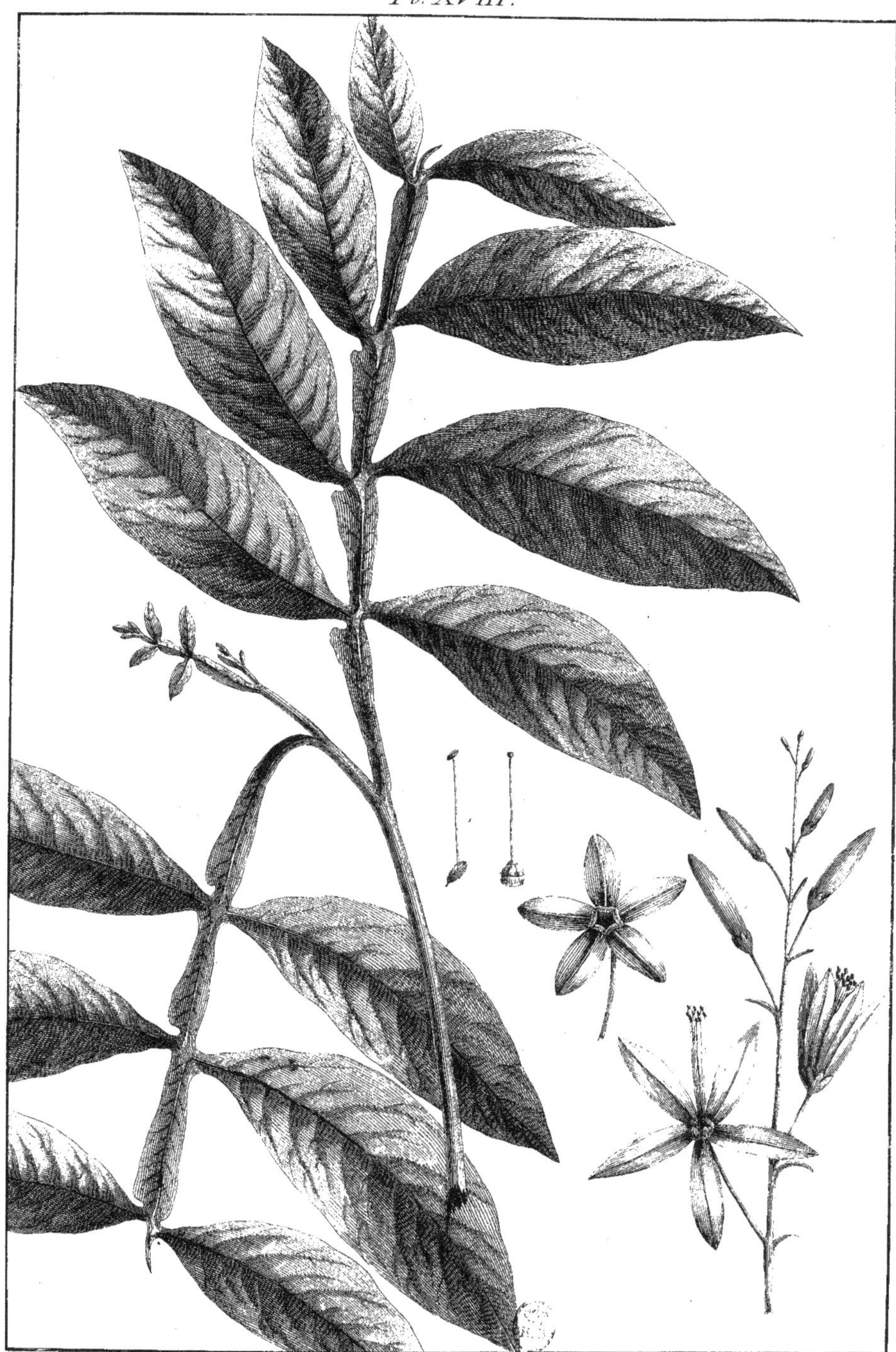

QUASSIA AMARA. *Linn.*

Fig.1. LASSONIA HEPTAPETA. Nobis.
Fig.2. LASSONIA QUINQUEPETA. Nobis.

PLANCHE XIX.

Fig. I. *LASSONIA HEPTAPETA* : la Laſſone à ſept pétales.

Fig. II. *LASSONIA QUINQUEPETA* : la Laſſone à cinq pétales.

LA figure de cette plante, qui ſe trouve repréſentée ici, nous a paru trop incomplette, pour la pouvoir parfaitement caractériſer ; mais elle ſuffit pour démontrer que nous ne connoiſſons encore aucune plante qu'on puiſſe lui rapporter : auſſi en avons-nous conſtitué un genre nouveau, auquel nous avons donné le nom de *Laſſonia*, en honneur de M. de Laſſone, premier Médecin du Roi en ſurvivance, & de la Reine, également recommandable par ſon amour pour le bien de l'humanité, & par ſon urbanité. Ce genre de plantes a un calice d'une ſeule piece, mais frangée ; ſa corolle eſt de ſept pétales dans une eſpece, & ſeulement de cinq dans l'autre ; chaque pétale eſt grand, ſupérieurement obtus, & preſque ſemblable au pétale de la tulippe ; mais cette derniere en diffrere, en ce qu'elle n'a point de calice ; d'ailleurs les étamines dans ce nouveau genre de plantes paroiſſent ſuivant la figure, très-nombreuſes, tandis que dans la tulippe le nombre en eſt fixé, auſſi nous croyons devoir claſſer cette plante, parmi des polyandriques ; on a repréſenté ici deux eſpeces de ce genre : la premiere eſt la Laſſone à ſept pétales, *Laſſonia heptapeta*. Dans cette eſpece, la fleur paroît avant la feuille ; les pétales ſont d'un blanc verdâtre, & au nombre de ſept ; le calice eſt frangé & brunâtre, les étamines paroiſſent violettes ; chaque fleur paroît au bout de chaque branche ; la tige de cet arbriſſau eſt tortue, raboteuſe, & griſâtre : la ſeconde eſpece eſt la Laſſone à cinq pétales, *Laſſonia quinquepeta* : cette eſpece, ſuivant la figure, n'a que cinq pétales ; chaque pétale eſt d'une couleur violette, & leurs bords ſont jaunâtres ; les étamines ſont d'une couleur rougeâtre ; on a repréſenté cette eſpece avec ſes feuilles naiſſantes, dont la partie ſupérieure eſt obtuſe : elles ſont alternes & entieres ; on trouve ces deux eſpeces coloriées, dans notre *Collection précieuſe des fleurs qui ſe cultivent, tant dans les jardins de la Chine, que dans ceux de l'Europe. Tom. I. Pl. IV. & pl. IX.*

PLANCHE XX.

TROCHERA STRIATA. Richard nepos. La Trochereau.

LA defcription que nous allons donner de cette plante, eft tirée du *Journal de Phyfique de M. l'Abbé Rofier, Mars 1779*, & a été communiquée à l'auteur de ce Journal, par M. L. Richard. Nous n'avons vu que paffagércment cette plante chez M. le Monnier, ce qui fait que nous fommes obligés de nous rapporter à la defcription ci-deffous, fans aucune garantie de notre part ; auffi ne changerons-nous rien dans le texte.

Trochera (ftriata) culmo enodi, foliis glabris, pediculis plerifque unifloris, valvulis exterioris corollæ, tranfverfim ftriatis, bafi pappofis ariftatis.

Trochera (ftriée) dont le chaume eft fans nœuds ; les feuilles font glabres ; les pédicules qui compofent la panicule, pour la plupart uniflores ; les valves de la corolle extérieure, marquées de ftries tranf-verfales, douées d'une aigrette à leur bafe, & terminées par une arête.

Je lui ai donné, dit M. Richard, ce nom, en mémoire de M. Trocherau de la Berliere, homme très-verfé dans la littérature, qui fe livre avec beaucoup de zèle, & d'une maniere tout-à-fait louable, aux travaux du jardinage, fur-tout à ceux qui font relatifs à la Botanique ; recommandable par fes connoiffances en Botanique ; connu par l'ouvrage qu'il a publié fur l'hiftoire du thé, & qui mene une vie philofophique dans fon fief de Feuillancourt, fitué près de S. Germain-en-Laye.

Chaume droit, fans nœuds, haut d'environ quinze pouces.

Feuilles glabres : la derniere faifant gaîne dans prefque toute fa longueur.

Couronne de la gaîne, formée par des dents très-courtes.

Fleurs d'un jaune pâle, paniculées.

Panicule pauvre, lâche, confiftante en pédicules capillaires, la plupart uniflores, quelquefois biflores, étendues en pyramide.

Calice uniflore, compofé de deux valves membraneufes, un peu lâches, droites, carenées, élevées, aiguës, longues de deux lignes, & dont l'une eft un peu plus petite.

Corolle double. L'extérieure compofée de deux valves, longues de quatre lignes, larges d'une, à-peu-près égales, droites, s'embraffant à moitié l'une de l'autre, divariquées par leurs extrêmités, de maniere à faire paroître la balle bifcornue, n'ayant point tout-à-fait le même point d'infertion ; mais la bafe de la valve intérieure, éloignée de celle de la valve extérieure, par un petit pédicule tortueux ; fous-linaires, très-obtufes, à côtes à-peu-près paralleles ; la valve extérieure feulement s'élargiffant un peu vers fa partie fupérieure ; pliées en carene, comprimées, légérement velues, douées à leur bafe, d'une petite aigrette poileufe, blanche, & de la longueur du calice, terminées par une petite arête droite, longue d'une ligne & demie, qui paroît latérale à caufe de la duplicature des valves ; marquées d'une maniere fort élégante de fillons profonds, tranfverfaux, paralleles ; chacune d'elles ouverte & fendue, paroît échancrée en cœur, & garnie d'une arête, qui part du milieu de l'échancrure.

Corolle intérieure, conftamment tout-à-fait couverte par l'extérieure, comprimée, plane, compofée de deux valves élancées, aiguës, s'entr'ouvrant à peine, dont l'une eft plus petite.

Aucune écaille fur le difque.

Etamines, au nombre de trois, de la longueur de la corolle, inférées fous l'ovaire ; antheres oblongues, très-menues, légérement bifides par leurs extrêmités.

Piftil : germe oblong, fous-anguleux : deux ftyles capillaires, deux ftigmates velues.

La femence n'a point mûri.

Dans l'individu que j'ai, continue M. Richard, une des fleurs, par une fingularité particuliere, a une des valves du calice auffi longue que celles de la corolle extérieure, ftriée comme elle, mais plus légérement, & comme faifant la troifieme valve.

J'avois deffein d'appeller *calicule,* la petite bafe extérieure ; *calice,* la feconde, & de donner le nom de *corolle* à la troifieme ; mais j'ai mieux aimé, felon l'avis de M. Adanfon, ne rien innover.

Si, fuivant le fentiment de Michieli, on prend pour corolle dans le riz, ce que Malpighi appelle nectaire, la plante dont il s'agit fe rapproche de ce genre.

Mais comment regarder comme corolles, deux petites écailles membraneufes, qui réunies un peu par leurs bafes, & obtufes, n'environnent ni n'enveloppent point les étamines & le pyftil, comme font ordinairement les corolles proprement dites des *graminées,* mais qui ne font fituées que d'un feul côté de l'ovaire ? Car elles ne m'ont point paru telles que Gahn les a peintes ; d'ailleurs, il y a plufieurs efpeces de graminées, dans lefquelles on trouve de petites écailles membraneufes, analogues à celle-là, qu'après Malpighi, Micheli, Adanfon & Gahn, j'ai moi-même obfervé, & auxquelles on n'a point coutume de donner le nom de corolle.

Elle ne s'éloigne pas beaucoup des panis à une fleur, qui ont un calice à trois valves, dont cependant l'extérieur n'eft pas membraneux.

En ajoutant au phleon un calice à deux valves, elle lui reffemblera affez ; mais comme elle ne préfente point exactement les caracteres d'aucun des genres (autant que je puis favoir) cités jufqu'ici, j'ai réfolu d'en faire un nouveau genre.

Elle eft de la *triandrie digynie,* & graminée, à fleurs rayées folitaires, dans chaque calice (*Sift. nat. Linn.*).

Elle me paroît devoir entrer dans la *Section des Alpiftes, des familles des plantes,* Ouvrage qui ne peut être le fruit que d'un grand génie & d'un pénible travail, qu'en ajoutant toutefois au caractere fictional, la confidération de la double corolle.

Elle eft du nombre des panicules XX, à calice à une fleur de Gahn (*principes d'Agoftrographie, pag.* 26).

Dans la méthode de M. de Juffieu, elle trouvera place dans le parag. III, à deux ftyles, trois étamines, calice à une fleur, de la famille des graminées auprès du phleon.

Je ne puis rien dire de l'hiftoire locale de cette plante, puifque M. Lemonnier, Médecin du Roi, dans le jardin duquel je l'ai trouvée, n'ayant pu fe rappeller d'où ces graines lui étoient venues, n'a pu m'en donner aucun éclairciffement là-deffus.

C'eft aux Botaniftes qui font à portée de l'examiner, & qui la poffedent dans leur herbier, de faire leurs obfervations & de les communiquer au public, comme fupplément à cette defcription, & même en corrigeant ce qu'il peut y avoir de défectueux.

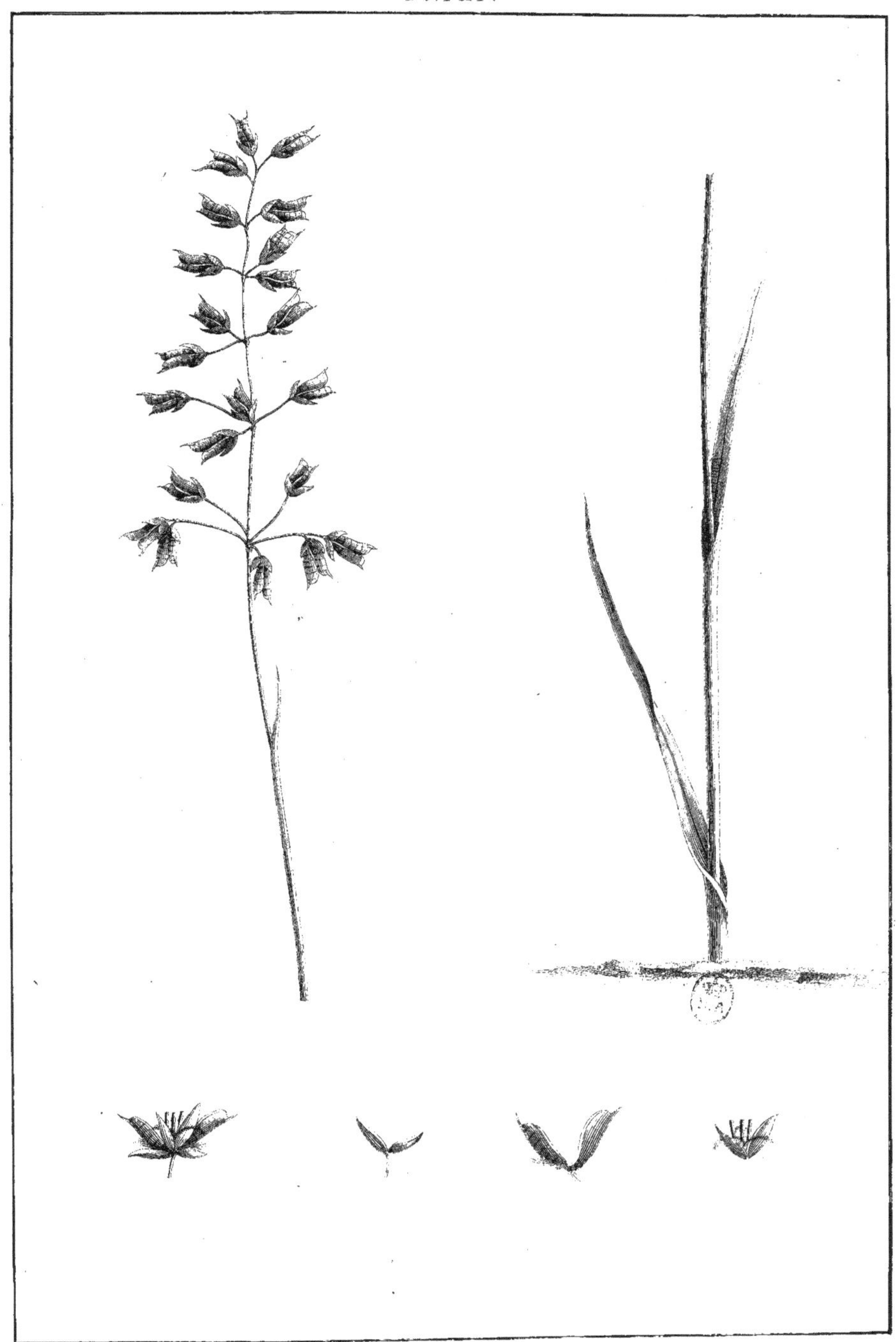

TROCHERA STRIATA. Richard nepos.

SOPHORA LUDOVICEA XVI. *Nobis.*

PLANCHE XXI.

SOPHORA LUDOVICEA XVI nobis. La Louis XVI.

C'EST un arbre dont les racines font pliantes, jaunâtres ; fa tige vient fort haut ; fes branches s'étendent au loin ; l'écorce de fes jeunes rameaux eft d'un verd obfcur, liffe, & répand une mauvaife odeur lorfqu'on la froiffe ; les ftipules font étroites, réfléchies, & courbées en faucille, caduques ; les feuilles font ailées, formées par plufieurs folioles pointues, légérement glauques en-deffous & d'un verd luftré & foncé en-deffus ; les fleurs font difpofées en panicule terminale, d'un blanc fale, légérement verdâtres, avec une très-légere teinte de pourpre obfcur ; leur calice eft fous-campanulé, aigu par fa bafe, ce qui le rend prefque turbiné, découpé par fon bord, qui eft à peine oblique, en cinq dents à-peu-près égales, dont les deux fupérieures font obtufes, & les deux inférieures font un peu aiguës.

La corolle eft papilionacée, ayant cinq pétales diftinchts, inférés au calice ; le fupérieur, qui forme l'étendard, eft réfléchi en arriere, déployé, large, repréfentant dans fa pofition naturelle à-peu-près un demi-cercle, échancré au fommet ; & lorfqu'il eft détaché, c'eft une ellypfe courte, dont le plus grand diametre eft tranfverfal, divifé en deux parties égales par un fillon vertical, qui aboutit fupérieurement à une petite échancrure, & inférieurement à un onglet court & étroit ; les quatre autres pétales, qui ont la même direction que celle du calice, & à-peu-près une longueur égale & une même forme, fe lâchent un peu, font oblongs, échancrés par leur bafe, qui fe produit en un onglet mince, avant leur parfait épanouiffement ; les deux intérieurs font en partie ployés en gouttiere ; l'un étant reçu latéralement dans la cavité de l'autre, forme une carêne dans laquelle font cachées les parties fexuelles.

Les étamines font au nombre de dix ; les filets en font diftinchts, fétacés, courbés en alêne, légérement réunis par leur bafe, un peu au-deffus de leur infertion, qui fe fait vers le tiers inférieur du tube du calice ; les antheres font oblongues, obtufes par les deux bouts, compofées de deux loges paralleles, qui s'ouvrent latéralement par un finus longitudinal, pour répandre une pouffiere jaunâtre, dont les molécules font oblongues ; le pyftil part du fond du calice, & confifte en un ovaire menu, velu, comme dans prefque toutes les plantes de la même famille, de la longueur des étamines, fe terminant infenfiblement en un ftyle foyeux, cylindrique, glabre, aigu, relevé par une courbure obtufe, & terminé par un ftigmate très-petit, à peine diftinch du ftyle ; le fruit eft un légume d'environ deux pouces de long, tranfparent, articulé & polyfperme.

Le caractere effentiel de cet arbre eft donc d'avoir les feuilles alternes, ftipulées, le calice monophyle, fous-irrégulier, la corolle papilionacée, inférée au calice ; & d'avoir pour fruit un légume : il eft donc de la famille naturelle des légumineufes ; il entre dans la Decandrie-monoginie du Chevalier de Linné, quoiqu'il foit fous-monodelphique, ayant les étamines à filets diftinchts. Collinfons, célebre Botanifte Anglois, paffe pour être le premier qui, ayant reçu de la Chine des graines de cette plante, les ait communiquées à l'Angleterre & à la France ; nous connoiffons en France quatre pieds de cet arbre, un au Jardin du Roi ; un au Jardin de la Reine, à Trianon ; le troifieme à Saint-Germain-en-Laie, chez M. le Maréchal de Noailles ; & l'autre au petit Montreuil, près de Verfailles, chez M. le Monnier ; cet arbre a fleuri, pour la premiere fois, en France, en 1779 ; mais il eft bon d'obferver que l'arbre de Trianon, qui n'a guere que vingt-cinq pieds, ait fleuri, pour la premiere fois, la même année que celui de Saint-Germain, qui a plus du double de hauteur & de force. Nous avons donné à cet arbre, qui eft du genre de Sophora, le nom de *Ludovicea Decima-fexta*, parce que c'eft au commencement du regne de ce Monarque, qu'on peut bien qualifier de *Bienfaifant*, que cet arbre a fleuri en France, quoiqu'il y ait plus de vingt-cinq ans qu'il y ait été femé.

PLANCHE XXII.

ROBINIA SINICA nobis. La Robin de la Chine.

LA Robin de la Chine eſt un arbriſſeau, dont la tige eſt brunâtre ; les feuilles ſont ailées, compoſées de deux paires de folioles ſans impaire, luiſantes, glabres ; les fleurs ſont papilionacées ; le périanthe de leur calice eſt monophylle, en tube, à cinq dents pointues ; les fleurs ſont jaunes, nuancées, de couleur de ſafran, l'étendard eſt rond ; les ailes ſont oblongues, ovales ; la carêne eſt preſque à demi orbiculée ; les filamens des étamines ſont diadelphiques ; les antheres ſont rondes, rougeâtres ; le germe eſt cylindrique, oblong ; le ſtyle eſt filiforme, plié en-deſſus ; le ſtigmate eſt velu vers le ſommet du ſtyle. Nous n'avons pas vu le fruit de cet arbriſſeau ; mais, ſuivant le rapport qu'on nous a fait, on nous a dit que c'eſt un légume applati, boſſu, qui ne renferme que quelque peu de ſemences, en forme de rein. Cet arbriſſeau fleurit au printemps, il peut s'élever en treillage auprès des murs, où il fait très-bien ; il réuſſit à merveille en pleine terre, & nous vient de la Chine ; il y eſt connu ſous le nom de *Schanlaku.*

ROBINIA SINENSIS. *Nobis.*

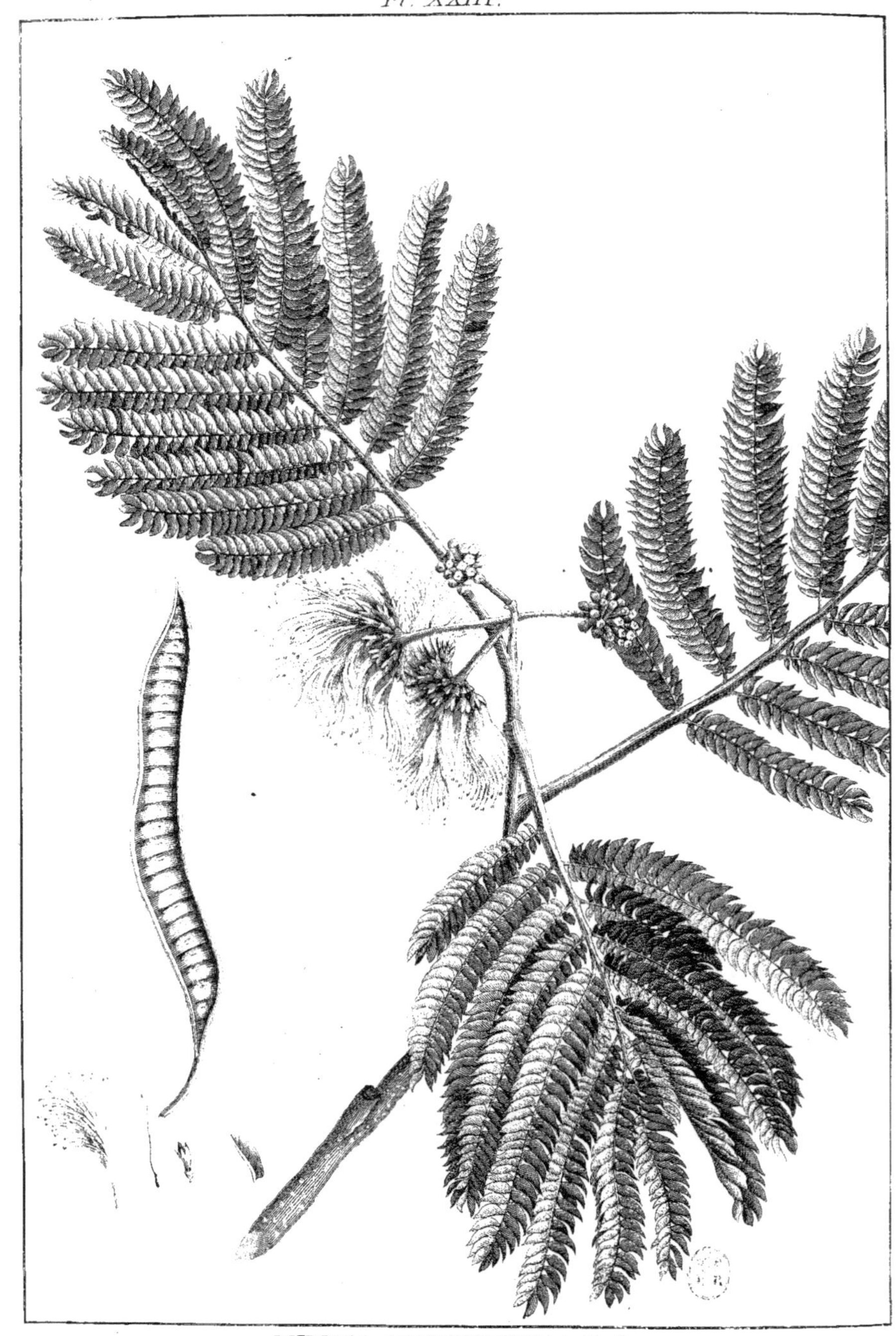

MIMOSA LINLIBRIZIN. h. R. P.

PLANCHE XXIII.

MIMOSA LINLIBRIZIN. H. R. P. L'Acacia de Conſtantinople.

C ET arbre croît très-haut; ſon tronc eſt droit, brun, branchu, ayant l'écorce de ſes rameaux d'un verd brunâtre & pointillé; les feuilles ſont doublement ailées; chaque aile eſt compoſée d'un nombre infini de paires de folioles ſans impaire; chaque foliole eſt liſſe, d'un verd jaunâtre, pointue, convexe d'un côté, concave de l'autre, & le taĉt ne leur occaſionne aucun mouvement; les fleurs ſont d'un blanc rougeâtre, réunies pluſieurs enſemble en boule, ſous un péduncule commun, qui ſe partage pour l'ordinaire en quatre; le périanthe du calice eſt monophylle, à cinq dents, très-petit; le pétale eſt unique, en forme d'entonnoir, à demi fendu en cinq, petit; les filamens ſont capillaires, très-longs, rougeâtres; les antheres ſont rondes, verdâtres; pluſieurs filamens en ſont dépourvus; le péricarpe eſt un légume membraneux & articulé, renfermant pluſieurs ſemences; les feuillages de cet arbre ſont très-beaux; les fleurs ne leur cedent en aucune façon par leur beauté; il nous vient des environs de Conſtantinople, & réuſſit très-bien en pleine terre; il y en a un pied à Paris, au Jardin du Roi, & un autre à Trianon, dans le Jardin de la Reine; & le troiſieme au petit Montreuil, près de Verſailles, dans le Jardin de M. le Monnier, premier Médecin de MONSIEUR.

PLANCHE XXIV.

Fig. I. *THEODORICEA RUBRA* nobis. La Thiery à fleurs rouges.

LA Thiery à fleurs rouges eft un arbriffeau dont les tiges font brunâtres & garnies d'épines ; les feuilles font obrondes, par paquet ; les fleurs font rouges ; leur calice eft d'une feule piece, divifé en cinq lobes ronds, & femblable prefqu'à celui des rofes ; la corolle a cinq pétales, dont trois font repliés en cuiller, & les deux autres ouverts, ronds, échancrés par le milieu ; les étamines font fans nombre, com-pofées de filamens minces & d'antheres un peu ronds, jaunâtres ; le pyftil eft formé par un embryon rond, cylindrique, terminé par un ftylet ; dans la planche gravée on n'apperçoit aucun ftigmate. Le deffin de cette plante n'eft pas affez caractérifé pour pouvoir indiquer où l'on doit placer cette plante ; mais il l'eft affez pour faire voir que c'eft un genre nouveau : en attendant qu'on le puiffe connoître plus parti-culiérement, nous lui avons donné le nom de Thiery, en honneur de M. Thiery, Ecuyer, Médecin confultant du Roi, Docteur-Régent de la Faculté de Médecine de Paris, Aggrégé Honoraire du College Royal de Médecine de Nancy, de l'Académie Royale de la même Ville, de celle de Madrid & de Beziers, un de nos Compatriotes, qui veut bien nous honorer de fon amitié.

Fig. II. *THEODORICEA LUTEA* nobis. La Thiery à fleurs jaunes.

Cette plante pourroit conftituer un autre genre, quoique nous l'ayons rapportée au genre de la Thiery ; & en effet, cet arbriffeau a la tige brunâtre, les rameaux verdâtres, garnis alternativement de feuilles ailées ; chaque feuille eft formée de deux ou trois paires de folioles avec une impaire ; la fleur eft jaune, rayée, de couleur de fafran, appuyée fur un pédicule affez long, qui foutient un calice à-peu-près femblable à celui des rofes, & divifé en plufieurs lobes longs, pointus ; les pétales font au nombre de cinq, ovales, pointus ; les étamines font fans nombre ; elles font formées de filets très-minces, & d'une anthere ronde, jaune ; le germe du pyftil eft rond. Nous attendons inceffam-ment des éclairciffemens plus détaillés fur l'une & l'autre de ces plantes ; nous ne manquerons pas d'en faire part au Public.

Fig. 1.

Fig. 2.

Fig. 1. **THEODORICEA RUBRA.** *Fig. 2.* **THEODORICEA LUTEA.** *Nobis.*

WILLEMETIA HIERACIODES, *Necker.*

PLANCHE XXV.

WILLEMETIA HIERACIOIDES.

C'EST à M. de Necker, premier Botaniste de son Altesse Sérénissime l'Electeur Palatin, de Manheim, son Historiographe, que nous sommes redevables de ce nouveau genre; son caractere générique est, suivant ce Botaniste, d'avoir le calice commun oblong, monophyle depuis sa base jusqu'à ses divisions, les segmens égaux, connivens, recourbés jusqu'à la chûte des fleurs. La corolle composée, uniforme; les fleurons constamment en un rang, aggrégés. La corolle particuliere est monopétale, en languette, fistuleuse, tronquée, dentée en scie à son sommet. L'on remarque au milieu des fleurons cinq étamines filamenteuses, courtes; les antheres naissent dans une gaîne cylindrique; le pystil est composé d'un ovaire oblong, d'un stylet filiforme, terminé par deux stigmates; les semences sont fertiles; leur sommet latéral est terminé par cinq membranes petites, courtes, au milieu desquelles est une aigrette simple, poileuse, élevée sur un pied; le réceptacle est nud à sa superficie & pointillé; la Willemet doit être classée parmi les semi-flosculeuses de la syngenesie-polyganie égale, à côté des hieracions, qui est la dix-neuvieme classe de la méthode sexuelle du Chevalier de Linné; il n'y a que l'espece représentée dans la figure qui soit connue, & qui puisse entrer dans ce genre. Cette espece est la *Willemetia Hieracioides* de Necker; ce Botaniste a donné à ce genre le nom de *Willemetia*, en honneur de M. Willemet, son ami, Démonstrateur au Jardin Royal des Plantes de Nancy; & il a donné à l'espece le nom trivial d'*Hieracioides*, parce qu'elle approche des *Hieracions*. La tige de cette espece est haute d'un pied & demi, ronde, fistuleuse, légérement striée, un peu hérissée vers le sommet, quelquefois pourvue d'une foliole, portant environ quatre fleurs jaunes, à péduncules inégaux. Les feuilles sont ovales, oblongues, pétiolées, amincies à leur base, pointues à leur sommet, pâles en-dessous, d'un beau verd en-dessus, lisses des deux côtés, légérement dentelées au bord; le calice est oblong, garni & couvert en haut de poils noirs, serrés. La fleur est jaune, composée de segmens linéaires, lancéolés, recourbés. La bractée est lancéolée, en lacet, sessile, presque entiere, située chaque fois à la base des péduncules; la semence mûre est oblongue, brune, armée en forme de chausse-trappe, la fructification terminale; cette Plante a été trouvée en Autriche. M. Jacquin, Professeur de Botanique à Vienne, dans le troisieme volume de sa Flore d'Autriche, fig. 293, la nomme *Hieracium stipitatum*; mais il ajoute qu'elle a un caractere assez distinct pour en faire un nouveau genre.

PLANCHE XXVI.

Fig. I. *WACHENDORFIA THYOSIFLORA.* La Wachendorf, en forme de bouquet.

LA racine de cette plante est tubéreuse, arondinacée, rougeâtre, garnie de plusieurs fibres simples, de la même couleur, perpendiculaire ; il s'éleve de chaque côté de cette racine plusieurs drageons, qui portent des feuilles bordées, dont les intérieures font reçues par les extérieures, & par les plus proches, creusées par leur bord interne, & le bord est très-cannellé vers la partie inférieure de la feuille, dans l'endroit où il est très-large ; & se resserrant insensiblement vers l'extrémité de la feuille il disparoît ; dans les petites feuilles il disparoît vers le milieu. Les feuilles font elles-mêmes très-nerveuses, à cinq nervures, pliées élégamment en forme d'éventail & cannellées, glabres, d'un verd gai, lancéolées, très-grandes, longues de deux pieds, larges de trois doigts ; les intérieures diminuant, l'hampe s'éleve du centre du drageon en forme de roseau, haut de quatre pieds, revêtu alternativement de feuilles en gaînes plus étroites, mais de la même forme que les autres ; plus ces feuilles font hautes, plus elles diminuent, & enfin fous le bouquet elles fe terminent en des gaînes fpatheufes perfiftantes, précifément dans l'endroit où l'hampe est poileux & marqué de taches rouges ; les gaînes en fe defféchant prennent la même couleur. Le bouquet, lorfqu'il est jeune & tendre, est entiérement couvert de fpathes, jufqu'à ce que ces fpathes s'ouvrent, & qu'après un affez long efpace de temps, comme de trois ou quatre femaines, elles pouffent de leur fein un bouquet affez adulte, qui pouffe de la longueur d'un pied, & le bouquet est garni, fous chaque faifceau de fleurs, d'une gaîne pointue, perfiftante, affez femblable de loin à un afphodele jaune. Ces fleurs, au nombre de fept, font foutenues par un péduncule commun, dont les inférieures font tellement couvertes & refferrées, que dans leur première fleuraifon, il n'en paroît que quatre ; les deux fupérieures s'élevent l'une après l'autre & ainfi de fuite, elles font couleur de fafran & hériffées à l'extérieur, jaunes & glabres à l'intérieur ; elles n'ont pour calice que des fpathes vagues, alternes, les embraffant à demi, oblongues, aiguës, diftinguant la fructification, perfiftantes, fe fanans, & enfuite réfléchies. La corolle est compofée de fix pétales oblongs, dont les trois fupérieurs font élevés, étendus, réunis vers les onglets ; les deux latéraux s'ouvrent, l'inférieur est en carene, quelquefois il manque ; aux côtés des pétales fupérieurs fe trouve placé un nectaire, qui s'éleve un peu extérieurement, & d'où diftille pendant la chaleur une petite goutte de miel limpide ; les filamens des étamines font au nombre de trois, en forme d'alene, plus courts que la corolle, inclinés, couchés fur le pétale inférieur ; les antheres font oblongues, horifontales, raffemblées. Le germe du pyftil est ovale, obtus, à trois côtés, placé entre la corolle ; le ftyle est fimple, en forme d'alene, fe tournant toujours à droite ; le ftigmate est fimple, petit ; le péricarpe est une capfule ovale, obtufe, à trois côtés, à trois valves, hériffées ; les femences font au nombre de trois, attachées à un petit placenta oblong, elles fe réuniffent dans le centre de la capfule.

Fig. II. *WACHENDORFIA PANICULATA.* La Wachendorf en panicule.

On ne connoît pas la racine ; les feuilles font en gaîne, en forme d'épée, à trois nervures ; l'hampe est droite, noueufe, garnie alternativement de feuilles, raboteufe ; le bouquet de fleurs est rameux, ou paniculé ; fous chaque panicule est placée une ftipule en gaîne, réfléchie. Les fleurs, au nombre de cinq, font appuyées & élevées fur un péduncule rameux ; elles font de la même couleur & de la même forme que celles de l'efpece précédente, à ftipules vagues.

On a donné à ce genre le nom de *Wachendorf*, en honneur d'un Médecin de ce nom, qui a été Profeffeur à Utrecht.

Fig.1. WACHENDORFIA THYRSIFLORA.
Fig.2. WACHENDORFIA PANICULATA. Joa.Burman.

CAMELLIA JAPONICA. *Linn.*

PLANCHE XXVII.

CAMELLIA JAPONICA. Linn. La Rofe du Japon; la Mandarine.

CETTE plante fe trouve gravée dans notre *Collection coloriée des fleurs qui fe cultivent dans les Jardins de la Chine , pl. 81.* Nous lui avons donné le nom françois de Mandarine, à caufe de la beauté de fa fleur ; le caractere de fon genre eft d'avoir le périanthe du calice à plufieurs pieces, obrond, compofé d'écailles, difpofées en forme de tuiles rangées, obrondes, un peu obtufes, dont les internes font fenfi-blement plus grandes, concaves, caduques. Les pétales de la corolle font au nombre de cinq, ovales, attachés à la bafe. Les filamens des étamines font très-nombreux, droits, réunis par le bas en couronne plus ample que le ftyle, fupérieurement libres, plus courts que la corolle ; les antheres font fimples ; le germe du pyftil eft rond ; le ftyle eft en forme d'alêne, de la longueur des étamines ; le ftigmate eft aigu, réfléchi. La capfule du péricarpe eft en forme de toupie, ligneufe, fillonnée. Il fe trouve autant de noyaux que de ftries de la capfule, ronds, fouvent remplis de femences plus petites ; ce genre fait partie de la feizieme claffe du Chevalier de Linné, deftinée aux plantes monodelphiques polyandriques ; ce Botanifte n'en admet qu'une efpece, qui eft repréfentée dans la planche ci-jointe, c'eft le *Camellia Japonica*, que Kœmpfer nomme dans fes *Amœnitates exoticæ, Tfubakki montanus, feu fylveftris flore rofeo fimplici 850, fan fa, vulgo jamma Tfubakki.* Cet arbriffeau eft rameux ; fon tronc, qui eft court, eft revêtu d'une écorce brunâtre, égale, charnue, mince, difficile à féparer du bois ; fes feuilles font alternes, prefque femblables à celles du cerifier, mais un peu plus roides, plus dures, luifantes de chaque côté, à pétioles courts ; il fort de leurs aiffelles, pendant l'automne, des bourgeons formés par des écailles herbacées, concaves, poileufes ; il en fort, comme d'un périanthe, des fleurs, au nombre de fix ou fept, femblables à celles de la mauve en arbre, très-rouges, fimples ; on nomme *Tfubakki hortenfis, flore pleno maximo rofæ hortenfis*, la variété à fleurs doubles ; fuivant Edwards, la fleur de cette variété eft la même que celle qu'on voit fi fouvent peinte dans les papiers & étoffes de la Chine ; elle eft plus grande que notre rofe, & d'un rouge de rofe fort vif, avec des étamines au milieu, d'une couleur jaune ou d'or ; les feuilles font vertes, roides, fermes & liffes, comme celles des arbres toujours verds ; Edwards la nomme *Rofa Chinenfis :* il en a donné la figure dans fa collection des Oifeaux, Tome II, planche 67.

PLANCHE XXVIII.

ILLICIUM ANISATUM. Linn. L'Anis étoilé.

LE caractere générique de l'Anis étoilé, eft d'avoir, fuivant M. le Chevalier de Linné, le périanthe du calice à fix folioles qui tombent, dont les trois inférieures font ovales, les trois fupérieures alternes, plus étroites, en forme de pétales ; les pétales de la corolle font au nombre de vingt-fept, raffemblés en trois ronds, neuf inférieurs, obtus, concaves ; neuf moyens, plus courts, plus étroits ; neuf intérieurs encore plus courts, plus étroits ; les filamens des étamines font nombreux, au nombre de trente, courts, abaiffés ; les antheres font droites, oblongues, obtufes, échancrées ; les germes du pyftil font nombreux, au nombre de vingt, raffemblés en rond, fe terminant en ftylets très-courts, ouverts ; les ftigmates font au côté le plus haut du ftyle, oblongs ; les capfules font nombreufes, ovales, applaties, dures, étendues en rond, bivalves ; les femences font folitaires, ovales, un peu applaties, luifantes : on diftingue deux efpeces d'Anis étoilé ou de Badiane ; l'efpece qui eft repréfentée dans la planche, eft l'Anis étoilé de la Floride ; *Illicium Floridanum.* Cette efpece eft toujours verte, elle s'éleve dans le pays à la hauteur de vingt pieds ; fes feuilles reffemblent à celles du laurier, l'odeur eft à-peu-près la même que celle du fafran ; les fleurs font rouges, les fruits font très-odorans ; leurs rayons font au nombre de vingt-un à vingt-fept, dont douze à treize mûriffent exactement, elle croît naturellement dans la Floride Occidentale ; elle y fut découverte par M. Bertrand, Botanifte du Roi d'Angleterre, & par l'un des Negres de William Clifton, Juge en chef de la Floride Occidentale, dans un terrein marécageux, près la ville de Penfacola ; les plus fortes gelées ne nuifent pas à cet arbre ; on le cultive dans le Jardin de la Reine, à Trianon, où il a fleuri ; on le met fimplement dans l'Orangerie pendant l'hiver, & on l'arrofe affez fouvent ; l'écorce d'un jeune jet de cet arbre putréfiée dans un vafe rempli d'eau, donne un beau mucilage & très-clair ; les fleurs nouvelles, mifes dans l'eau, fe colorent en rouge ; fi on y verfe un peu d'huile de tartre par défaillance, la liqueur les changera en brun-clair ; l'huile de vitriol, au contraire, leur procure une couleur femblable à celle du carmin. Les fruits de cet arbre fourniffent un Anis très-ftomachique.

Pl. XXVIII.
ILLICIUM FLORIDANUM. Linn.

THEA BOHEA, *Linn*.

PLANCHE XXIX.

THEA BOHEA. *Linn.* Le Thé de la Chine.

LE Thé croît à la Chine & au Japon fur le penchant des collines , & principalement le long des bords des fleuves ; il n'aime ni une eau dormante, ni une trop grande chaleur ; on le rencontre depuis Canton jufqu'à Pekin ; Pekin eft à la même latitude que Rome, mais les climats Orientaux font beaucoup plus froids que les nôtres. Les Obfervateurs Météorologiques nous apprennent, dit M. le Chevalier de Linné , que le froid y eft beaucoup plus vif qu'à Stockholm. Le Thé , dans le Jardin Botanique d'Upfal , paroît fupporter très-bien , même dans l'hiver, la chaleur, pourvu qu'elle ne foit pas trop forte ; il a paffé l'été en plein air , & il s'y eft auffi bien comporté que toutes les autres plantes des deux Indes ; cependant on ne s'eft point permis de l'expofer au froid.

Tulpius, Médecin d'Amfterdam, eft le premier qui, en 1691 , ait écrit fur le Thé, dont il fait un éloge pompeux. Jonquet, Médecin & Botanifte François , qui nous a donné, en 1658, le catalogue des plantes qu'il cultivoit dans fon Jardin , renchérit encore fur les éloges de Tulpius, en parlant du Thé.

M. de Linné a fait tous fes efforts pour procurer cet arbriffeau précieux à l'Europe, il en a femé vingt fois fans aucun fuccès. M. Osbeck en avoit apporté un pied de la Chine ; mais en-deçà du cap de Bonne-Efpérance, un tourbillon de vent s'éleva tout-à-coup, emporta le pied de Thé de deffus le gaillard-d'arriere , & le *précipita* dans la mer ; M. Lagerftrom a apporté au Jardin d'Upfal deux arbrif- feaux pour le vrai Thé ; mais lorfqu'ils font venus à fleurir, on n'a pas tardé à découvrir la friponnerie des Chinois ; ils étoient cependant fi reffemblans au Thé, qu'ils pouvoient en impofer aux yeux des Botaniftes les plus exercés. On parvint enfuite, avec de grandes difficultés, à en apporter un à Gothem- bourg ; les Matelots empreffés de defcendre à terre, mirent le foir le Thé fur une table de la chambre du Capitaine ; pendant la nuit les rats du bâtiment le maltraiterent, & le mirent tellement en pieces, qu'il en mourut. Enfin, M. de Linné engagea le Capitaine Ekeberg d'en mettre des femences fraîches dans un pot rempli de terre, prefque au moment qu'il feroit voile de la Chine, afin que par ce moyen, pendant le voyage, après que le vaiffeau auroit paffé la ligne, elles puffent germer, avant de toucher à Gothembourg ; ce qui lui réuffit fi bien , que le navire ayant mouillé à Gothembourg, toutes les plantes leverent ; la moitié fut envoyée fur-le-champ à Upfal , & périt dans le tranfport ; le Capitaine y porta lui-même l'autre moitié, le troifieme Octobre 1763. Les cotylédons ou feuilles féminales étoient encore adhérens à chacun de ces jeunes pieds ; on en voit au Jardin d'Upfal des pieds qui fe portent très-bien, à ce que dit M. le Chevalier de Linné , dans la differtation qu'il a publiée fur cet arbre. La Suede fe glorifie d'avoir été la premiere qui ait poffédé cet arbriffeau ; on le cultive depuis quelques années en France ; il a fleuri dans le Jardin du Roi, de M. le Duc de Coffé , & de feu M. le Chevalier de Janffen , connu à Paris par fon amour pour les arbres & arbriffeaux de pays étrangers, qui pou- voient fe cultiver en pleine terre, & qu'il tiroit à grands frais des pays lointains ; ce Jardin eft actuel- lement poffédé par une Dame qui fait fon plaifir de la Botanique.

PLANCHE XXX.

DÉTAILS BOTANIQUES DU THÉ.

LE Thé eſt un arbre dont le tronc eſt branchu, ligneux, preſque cylindrique ; les branches ſont alternes, placées ſans ordre régulier, un peu roides, tirant ſur la couleur cendrée, rougeâtres à leur extrémité ; les feuilles ſont alternes, ellyptiques, découpées à dents obtuſes, en forme de ſcie, avec les bords recourbés entre les dents, échancrées à leur ſommet, très-entieres à la baſe ſans aucunes découpures ; glabres, luiſantes, bouillonnées, veineuſes en-deſſous, d'une contexture ferme & ſolide : ayant leurs pétioles fort courts, cylindriques en-deſſous, un peu plats en-deſſus, & légérement canne-lés ; les péduncules des fleurs ſortent des aiſſelles des feuilles, ils ſont alternes, ſolitaires, courbés, à une ſeule fleur un peu groſſe, & ont une ſtipule ſolitaire, en forme d'alêne, droits ; le périanthe ou le calice eſt diviſé en cinq, très-petit, plane, à ſegmens ronds, obtus, permanens ; la corolle eſt com-poſée de ſix pétales, un peu arrondis, concaves, dont les deux extérieurs ſont plus petits, & enve-loppent la fleur avant qu'elle ſoit épanouie ; les quatre intérieurs ſont larges, égaux, recourbés avant de tomber ; les filets des étamines ſont nombreux, environ au nombre de deux cens, attachés à la baſe du germe, plus courts que la corolle ; les antheres ſont en forme de cœur, à deux loges ; le germe a trois corps arrondis, mais en forme triangulaire ; les ſtyles ſont au nombre de trois, réunis depuis la baſe juſqu'à l'extrémité des ſommets, & ſe diviſent enſuite en ſe recourbant au-deſſus des ſommets, ils ſont en forme d'alêne, recourbés, de la longueur des étamines, ſerrés l'un contre l'autre, & ne for-ment, pour ainſi dire, qu'un ſeul corps, au centre des étamines qui les environnent & les preſſent ; mais après que les pétales & les étamines ſont tombés, ils s'éloignent les uns des autres, s'écartent ; & quand ils ont acquis une certaine longueur, ils ſe froiſſent ſur le germe ; les ſtigmates ſont ſimples, & le péri-carpe eſt une capſule, formée par trois corps globuleux, réunis enſemble, à trois loges, & s'ouvrant, à la partie ſupérieure, en trois directions différentes, en forme de levres ; les ſemences ſont ſolitaires, rondes, anguleuſes à la partie intérieure.

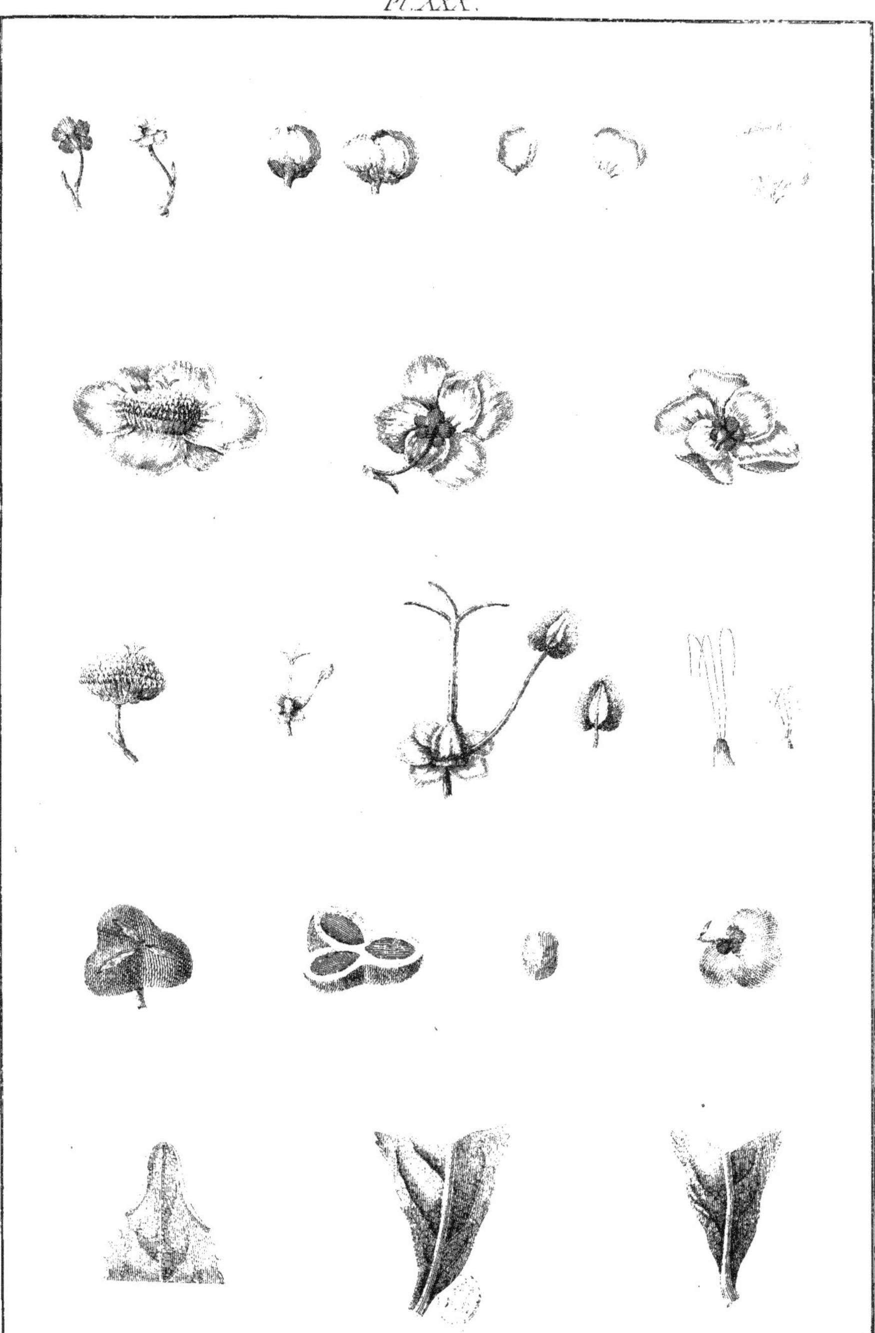

DÉTAILS BOTANIQUES DU THÉ.

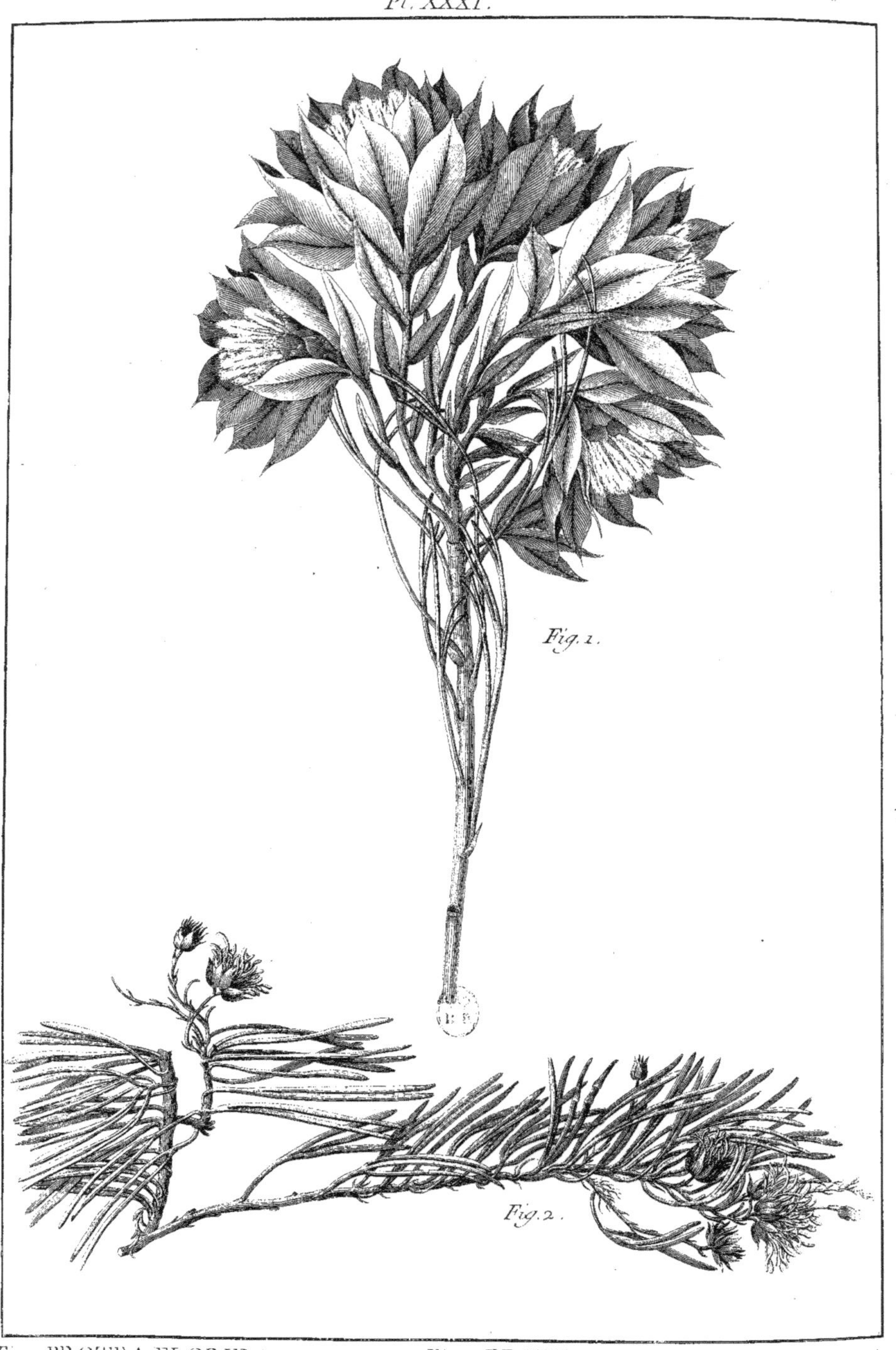

Fig.1. PROTEA FLORIDA. *THUNBERG.* *Fig.2.* PROTEA DECUMBENS. *THUNBERG.*

PLANCHE XXXI.

Fig. I. *PROTEA FLORIDA. THUNBERG* : La Protée Fleurie.

Toute cette plante, excepté le calyce, eft glabre; fa tige eft cylindrique, droite, pourpre, haute d'un pied & au-delà; fes feuilles font filiformes, éparfes, glanduleufes au fommet; les inférieures font ailées, les fupérieures fendues en trois, élevées, longues d'une palme; les ailes font oppofées, à trois folioles, longues d'un pouce, infenfiblement plus courtes; les petites têtes des fleurs font terminales, pédunculées; les péduncules font nombreux, alternes, élevés, étendus, à une fleur, inégaux, longs depuis un pouce jufqu'à une palme; les braétées font inférieurement éparfes fur les péduncules, lancéolées, fupérieurement raffemblées, environnant la fleur, toutes aiguës, entières, membraneufes, pourpres, longues d'un pouce; le périanthe eft imbriqué; les écailles font lancéolées; membraneufes, glabres, ciliées à cils jaunâtres, longs, fur-tout vers les fommets. Cette plante croît naturellement fur les montagnes *franfche hoek*, au Cap de Bonne-Efpérance.

Fig. II. *PROTEA DECUMBENS. THUNBERG* : La Protée Couchée.

La tige eft filiforme, anguleufe, couchée, un peu rameufe, glabre, fanguinolente, haute d'un pied; les rameaux font au fommet de la tige, environ au nombre de quatre, alternes, femblables à la tige; les feuilles font filiformes, fimplement fendues en trois, difpofées du même côté de la tige, droites, glabres, éloignées, digitales, plus longues que les internœuds; les ailes au milieu de la feuille font oppofées, femblables à la feuille, un peu plus courtes que le lobe du milieu; la petite tête des fleurs eft terminale aux fommets de la tige & des rameaux, de la groffeur d'un gros pois; le périanthe commun eft imbriqué, glabre, à écailles ovales, aiguës; la corolle eft foyeufe. Cette plante croît communément au Cap de Bonne-Efpérance.

K

PLANCHE XXXII.

Fig. I. *PROTEA BRACTEATA. THUNBERG :* La Protée à Bractée.

TOUTE la plante eft glabre, la racine eft filiforme, defcendante, à petites racines fibreufes ; la tige eft cylindrique, raboteufe, élevée, fimple, plus rarement fendue en deux, brunâtre, haute d'un pied ; les feuilles font filiformes, cannelées, aiguës, fecondaires, fréquentes, longues de trois pouces ; la pétite tête des fleurs eft terminale, folitaire, de la groffeur d'une noix ; il n'y a point de périanthe, mais le réceptacle commun eft environné de feuilles à trois côtés, & de braĉées alternes, entieres, fendues en ailes ; la corolle eft cohérente par le bas, à quatre côtes, fendue en quatre par le fommet ; le lymbe s'ouvre, eft glabre, renfermant intérieurement une aigrette épaiffe, blanche, plus courte que la corolle. Cette efpece eft connue fous les dénominations botaniques de *Scolymocephalus Africanus, foliis rofmarini acutis. Herm. Affric.* 20, *raj. dendrol.* 10. *Lepidocarpodendron foliis angustissimis gramineis, fructu cancellato, femine coronato. Boerrh. Lugdb.* T. 2, *p. 193. Leucodendron cancellatum. Linn. Sp. plant.* 134. *Berg. act. Stockh.* 1766, *p. 326.*

Fig. II. *PROTEA PROLIFERA. THUNBERG :* La Protée Prolifere.

La tige eft élevée, menue, glabre, prolifere, haute d'un pied ; les rameaux font élevés, couverts de feuilles, femblables à la tige ; les feuilles font en forme d'alene, fréquentes, imbriquées, glabres, de la longueur d'un ongle ; les petites têtes des fleurs font terminales dans la divifion & aux fommets des rameaux, de la groffeur d'un pois. Cette efpece fleurit en avril, mai & juin ; on la trouve fur le haut des montagnes des Hottentots Hollandois.

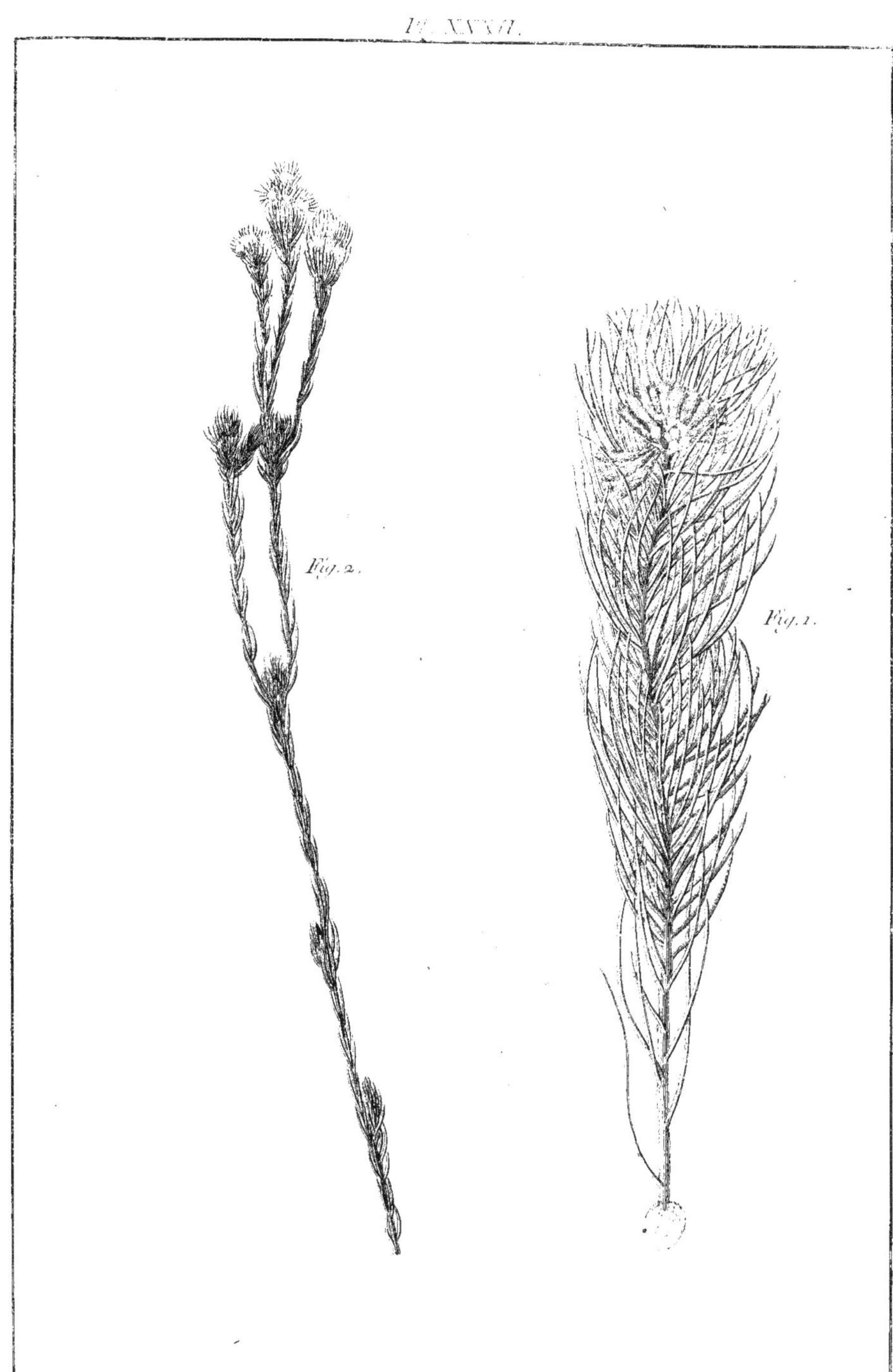

Fig. 1. PROTEA BRACTATA. *THUNBERG* *Fig. 2.* PROTEA PROLIFERA. *THUNBERG.*

PROTEA LINEARIS. THUNBERG.

PLANCHE XXXIII.

PROTEA LINEARIS. THUNBERG : La Protée Linéaire.

LA tige de cette efpece eft cylindrique, droite, rameufe, pourpre, haute de quatre pieds ; les rameaux font cylindriques, longs, fimples, ftriés, feuillés, glabres ; les fleurs font feffiles, linéaires, infenfiblement amincies par la partie inférieure, calleufes en-deffous par la bafe, obtufes, à fommet à calle rouffâtre, entieres, à bord un peu réfléchi, fupérieurement un peu convexes, ridées, concaves en-deffous, fréquentes, élevées, hautes d'un doigt & au-delà ; la petite tête des fleurs eft terminale, folitaire, conique, de la groffeur d'une pomme médiocre ; le périanthe commun eft à plufieurs feuilles, imbriqué ; les écailles font larges, ovales, aiguës, intérieurement toutes glabres, poileufes en-dehors, ayant à la bafe un duvet épais blanc ; le réceptacle eft velu, à poils blancs épais ; le tube de la corolle eft applati ; le lymbe eft partagé en deux lobes linéaires, l'un plus large, fendu en trois au fommet, aux déchiquetures duquel font inférées les étamines, & le ftigmate eft réfléchi avant le développement ; l'autre lobe eft trois fois plus étroit, entier ; l'un & l'autre font velus, plus courts de moitié que le ftyle. Cette plante croît dans les endroits fablonneux, dans les contrées de Parl & du Drakenftain, au Cap de Bonne-Efpérance ; elle fleurit en juin, juillet & mois fuivans.

PLANCHE XXXIV.

PROTEA PARVIFLORA. THUNBERG : La Protée à petites Fleurs.

LA tige eſt cylindrique, droite, très-rameuſe, haute de trois pieds; les rameaux ſont épais, filiformes, flexibles, vergés, un peu ramuleux; les petits rameaux, vers les ſommités des rameaux, ſont alternes, fréquens; les feuilles ſont lancéolées, inférieurement amincies, terminées par une glande obtuſe, entieres, obliques, élevées, longues d'un pouce; les petites têtes des fleurs ſont à quatre côtes, aux ſommets des petits rameaux, glabres, de la groſſeur d'un grain de poivre; on ne remarque aucun pédoncule, à moins qu'on ne prenne pour tel les petits rameaux qui portent des fleurs au ſommet; le périanthe commun eſt imbriqué; les écailles ſont diſpoſées de quatre côtés, ovales, obtuſes, concaves, glabres. Cette eſpece varie par ſa tige & ſes feuilles glabres, & d'un blanc cotonneux.

PROTEA PARVIFLORA. *THUNBERG.*

PROTEA CORDATA. *THUNBERG.*

PLANCHE XXXV.

PROTEA CORDATA. THUNBERG : Protée en forme de Cœur.

TOUTE la plante eſt glabre ; la tige eſt couchée, ſimple, cylindrique, ſtriée, longue d'une coudée ; les feuilles ſont alternes, ſeſſiles, en forme de cœur, rondes, entieres, échancrées, à neuf nervures, droi-tes ; les inférieures ſont plus grandes, de la longueur d'une palme ; les ſupérieures ſont ſenſiblement plus courtes ; la petite tête de la fleur eſt radicale, ovale, tronquée ; le périanthe commun eſt imbriqué ; à écailles ovales, inſenſiblement plus grandes, oblongues, élevées, obtuſes ; l'aigrette qui enveloppe la ſemence eſt pourpre : cette plante croît ſur les montagnes des Hottentots Hollandois, & ſur celles près du fleuve *Rivier Zonderand* ; elle fleurit en ſeptembre, octobre, novembre & décembre.

PLANCHE XXXVI.

Fig. I. *PROTEA SPATHULATA. THUNBERG :* La Protée Spathulée.

LA tige de cette efpece eft droite, glabre, rameufe, haute de deux pieds, & même plus ; les rameaux font au nombre de deux ou de trois, flexibles, droits, glabres, pourpres ; les feuilles font petites, fpathulées, obtufes, échancrées, entieres, à ftries fanées, en forme de capuchons, glabres, imbriquées, onguiculaires ; le pétiole eft cylindrique, deux fois plus court que les feuilles ; les petites têtes des fleurs font raffemblées aux fommets des rameaux ; le périanthe commun eft à quatre feuilles, cotonneux, à quatre fleurs ; les corolles font laineufes, à peine onguiculaires.

Fig. II. *PROTEA IMBRICATA. THUNBERG :* La Protée Imbriquée.

Toute la plante eft glabre, excepté les rameaux & la corolle ; la tige eft droite, rameufe, haute d'un pied, & même plus ; les rameaux font au nombre de deux ou de trois, filiformes, droits, inégaux, poileux ; les feuilles font feffiles, lancéolées ou oblongues, terminées par une glande, entieres, raboteufes, imbriquées, applaties à la bafe, ouvertes au fommet, couvrant les rameaux, à demi onguiculaires ; les petites têtes des fleurs font terminales aux rameaux, folitaires, plus rarement au nombre de deux, oblongues, de la groffeur d'une petite noix ; le périanthe commun eft imbriqué ; les écaïlles font lancéolées, aiguës, glanduleufes, onguiculaires ; la corolle eft totalement couverte en dehors d'une laine jaunâtre.

Fig.1. PROTEA SPATHULATA. *THUNBERG.* *Fig.2.* PROTEA IMBRICATA. *THUNBERG.*

PROTEA CAUDATA. *THUNBERG.*

PLANCHE XXXVII.

PROTEA CAUDATA. THUNBERG : La Protée à Queue.

LA tige eft cylindrique, droite, rouffâtre, glabre, fupérieurement rameufe, haute environ de trois pieds; les rameaux font droits, femblables à la tige; les feuilles font filiformes, droites; les inférieures font glanduleufes au fommet, hériffées; les fupérieures font hériffées, imbriquées, onguiculaires; les petites têtes des fleurs font feffiles, en épis; les épis font cylindriques, droits, de la longueur d'un doigt; le périanthe commun eft à quatre feuilles, plus rarement à une fleur, rarement à trois, le plus fouvent à deux; les découpures font ovales, pointues, velues, inégales; la corolle eft hériffée.

PLANCHE XXXVIII.

Fig. I. *PROTEA CORYMBOSA. THUNBERG* : La Protée en Bouquets.

Toute la plante eſt glabre ; la tige eſt cylindrique, droite, rameuſe, haute de quatre pieds & plus ; les rameaux ſont raſſemblés, ſous-verticillés, nombreux, courts, raſſemblés en bouquets, droits, s'étendant, longs d'un doigt, plus courts que les internœuds ; les feuilles ſont linéaires, ſupérieurement planes, convexes en deſſous, un peu aiguës, nombreuſes, imbriquées, onguiculaires ; les petites têtes des fleurs ſont à l'extrémité des rameaux & petits rameaux, ſolitaires, de la groſſeur d'un pois ; le périanthe commun eſt à pluſieurs feuilles, plus court que la corolle ; les corolles ſont jaunes, menuès ; la ſemence eſt ovale, applatie, à bord aigu, inférieurement amincie, obtuſe au ſommet, velue, creuſe, à noyau blanc, ne s'ouvrant pas ; il y en a une variété, dont le périanthe eſt cotonneux ; cette plante eſt connue par Bergen, ſous le nom de *Leucodendron corymboſum*, *act. Stockh...* *1776* ; elle fleurit en ſeptembre, octobre, novembre & décembre : on en trouve dans les campagnes ſablonneuſes, près du fleuve *Braide Rivier.*

Fig. II. *PROTEA AULACEA. THUNBERG* : La Protée ſillonnée.

Toute la plante eſt glabre ; la tige eſt cylindrique, droite, un peu rameuſe, prolifere, haute de trois ou quatre pieds, de la groſſeur d'une plume ; les rameaux ſont verticillés, ſtriés, droits, s'étendant ; les feuilles ſont ſeſſiles, ellyptiques, & inférieurement amincies, obtuſes, avec une pointe, entieres, ſans veines, ayant ſeulement au milieu une nervure ſolitaire, droites ; couvrant le rameau de la tige, placées près les unes des autres, beaucoup plus longues que les articulations, longues d'un doigt ; les grappes des fleurs ſont terminales, ombellées, à faiſceaux, oblongues, penchées, fleuriſſantes inſenſiblement, longues d'un pouce ; les pédoncules ſont rudes, à peine longs d'une ligne ; les bractées ſont lancéolées ſous chaque pedoncule, cannelées, blanches, droites, de la longueur du pedoncule, & de la moitié de la fleur, il n'y a aucun périanthe ; la corolle eſt à quatre pétales ; les pétales ſont linéaires, aigus, cannelés, égaux, droits, glabres, blancs, onguiculaires ; les antheres ſont inſérées au milieu du pétale, elles ſont linéaires, ſpirales, blanches. On trouve cette plante ſur les montagnes de *Platte-koof* ; elle fleurit en décembre, janvier & février.

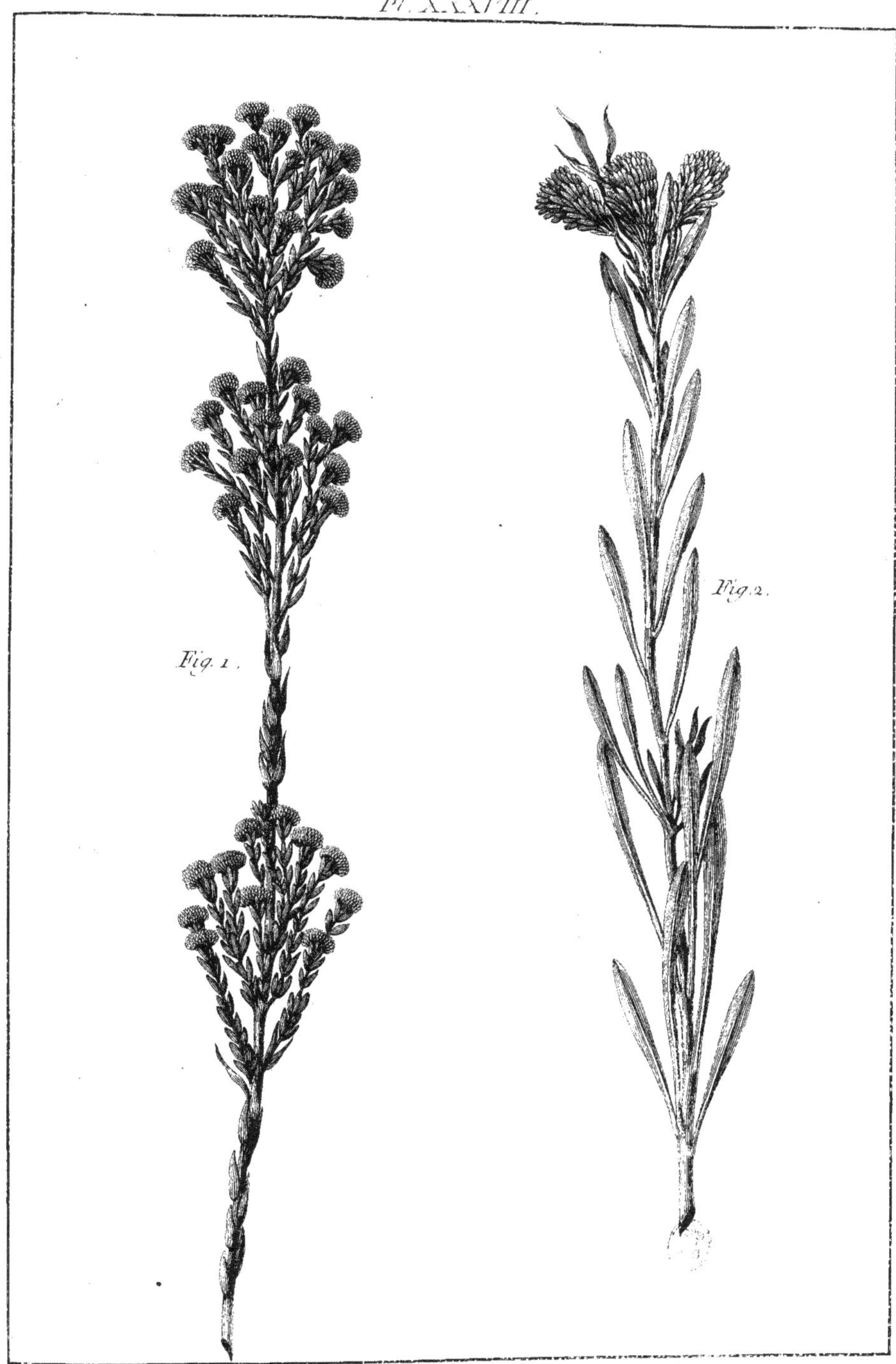

Fig. 1. PROTEA CORYMBOSA. THUNBERG. Fig. 2. PROTEA AULACEA. THUNBERG.

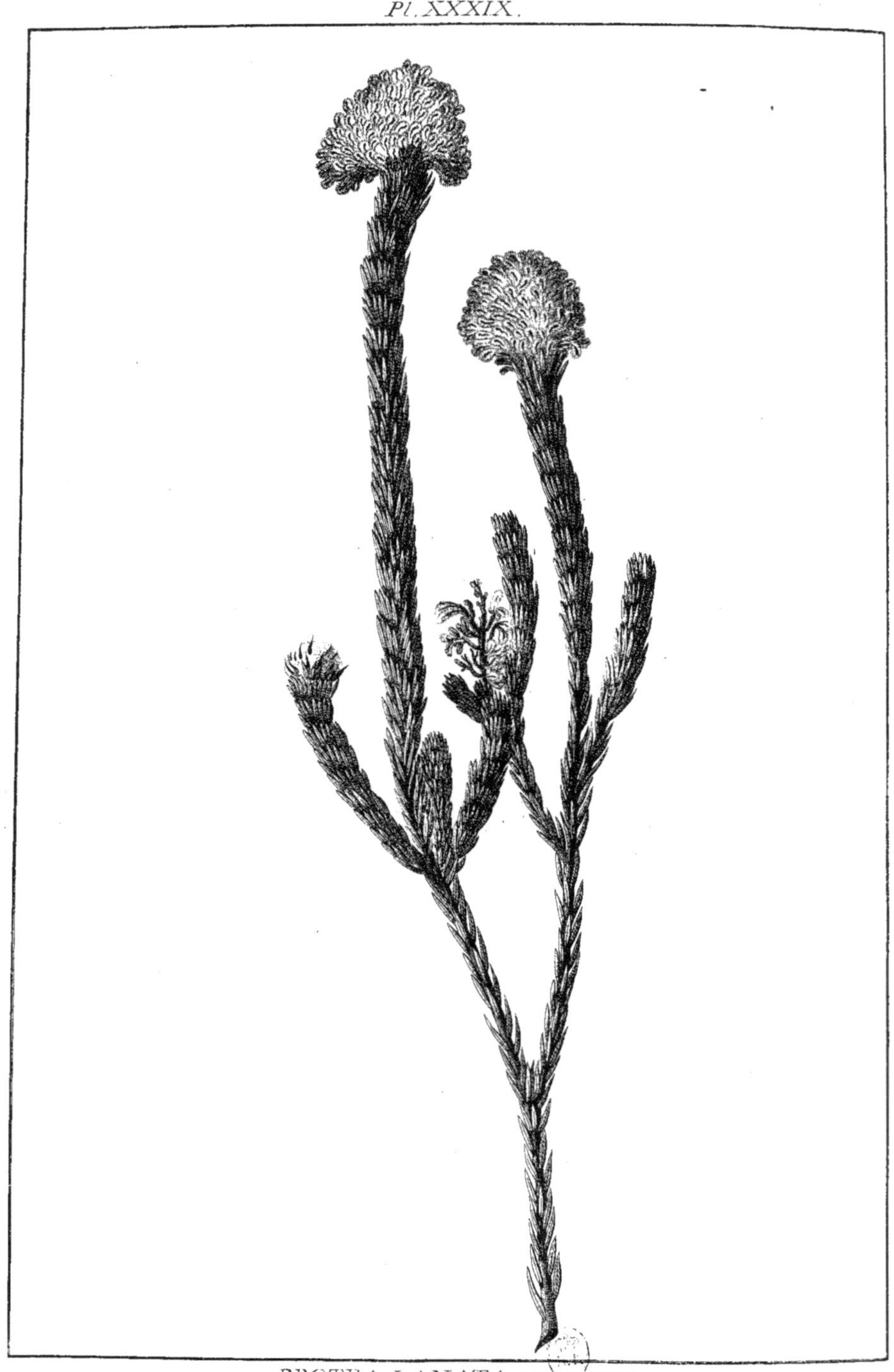

PROTEA LANATA. *THUNBERG.*

PLANCHE XXXIX.

PROTEA LANOSA. THUNBERG : La Protée laineufe.

L A tige eft filiforme, droite, frefle, glabre, couverte de feuilles, rameufe, haute de deux pieds ; les rameaux font au nombre de deux, inégaux, femblables à la tige ; les feuilles font linéaires, fupérieurement planes, convexes en-deffous, un peu aiguës, imbriquées, glabres, onguiculaires ; la petite tête des fleurs eft terminale aux rameaux, foyeufe, prefque de la groffeur d'une noix ; le périanthe commun a plufieurs feuilles, à écailles lancéolées ; les corolles au-dehors font entiérement laineufes & barbues, à poils argentés, onguiculaires.

M

PLANCHE XL.

PROTEA INCURVA. THUNBERG : La Protée recourbée.

LA tige eſt cylindrique, droite, rouſſâtre, glabre, ſupérieurement rameuſe, haute d'un pied & même plus ; les rameaux ſont verticilles, inégaux, ſemblables à la tige ; les feuilles ſont éparſes, filiformes, recourbées, glabres, longues d'un pouce ; les petites têtes des fleurs ſont en épis, en forme de grappes, feſſiles, cotonneuſes, blanchâtres ; le périanthe commun eſt à quatre feuilles, & à trois ou quatre fleurs.

Nota. Le caractere du genre des Protées eſt d'avoir le périanthe commun imbriqué, à écailles inégales, perſiſtantes, ſans aucun périanthe propre ; la corolle eſt à quatre pétales, ſouvent cohérens, le plus ſouvent diviſés, linéaires, oblongs, à onglets élevés, & à lymbe qui s'étend ; on ne remarque aucun filament des étamines ; les antheres ſont au nombre de quatre, linéaires ou oblongues, inférées à la corolle, ſous le ſommet du lymbe ; le germe du pyſtil eſt oblong, ſupérieur ; le ſtyle eſt filiforme, plus long que la corolle ; le ſtigmate eſt ſimple, en forme de clou ; le péricarpe n'eſt autre choſe que le calyce qui s'ouvre & ſe durcit ; les ſemences ſont ſolitaires, inférieurement amincies, oblongues, un peu applaties, obtuſes ; le réceptacle commun eſt nud, velu, pailleux, ou en cône ; l'eſſence du germe conſiſte donc dans la corolle, qui eſt à quatre pétales, dans les étamines qui ſont inférées au lymbe, dans le germe qui eſt ſupérieur, & dans les ſemences qui ſont nues.

PROTEA INCURVA. *THUNBERG.*

COCCOS NUCIFERA. *Linn.*

PLANCHE XLI.

COCOS NUCIFERA. Linn. Le Cocotier à noix.

CET arbre eft de groffeur médiocre, mais il devient fort grand, & va peu-à-peu en s'étréciffant; il eft quelquefois moins gros vers fon milieu qu'à fes extrémités; il pouffe peu avant dans la terre fa principale racine ; mais cette racine fe trouve environnée d'une très-grande quantité d'autres plus petites, entrelacées les unes dans les autres, qui aident à fortifier l'arbre : la tête de l'arbre eft terminée par des feuilles fort longues, & larges à proportion, dont le milieu eft fort épais : les fleurs font femblables à celles des autres efpeces de palmiers, dont nous donnons la defcription dans notre *Hiftoire générale & économique des trois Regnes*, partie feconde. A ces fleurs qui font en régime, fuccede un grouppe de Cocos, qui font le fruit : ce fruit eft plus gros que la tête d'un homme, ovale, quelquefois rond; trois côtes, qui fuivent fa longueur, lui donnent une forme triangulaire, & forment une efpece de gaîne ou enveloppe, dont la noix de Coco, de la groffeur, pour l'ordinaire, d'un petit melon ovale, fort en groffiffant : le bout, par lequel la noix eft attachée à la branche, a trois ouvertures, longues de deux ou trois lignes de diametre, qui font formées & remplies d'une matiere grisâtre, fpongieufe, comme du linge, par lefquelles, fuivant toute apparence, le fruit tire fa nourriture de l'arbre. La coquille de cette noix eft groffe, dure, ligneufe & ridée ; la noix de Coco eft d'un très-grand ufage dans l'économie alimentaire des pays où elle vient naturellement.

PLANCHE XLII.

APEIBA TIBOURBOU. Aublet. Le Tibourbou.

Cet arbre eſt de moyenne grandeur; ſon tronc s'étend de ſept à huit pieds, & a environ un pied de diametre; ſon écorce eſt inégale, gerſée, molle, épaiſſe, fibreuſe, & propre à faire des cordes; ſon bois eſt blanc & léger; les branches qui terminent le tronc ſe répandent en tout ſens, & ſont inclinées; elles ſe partagent en pluſieurs rameaux entiers, alternes; les feuilles ſont alternes, rangées horiſontalement ſur le même plan à droit & à gauche, & peu éloignées les unes des autres; elles ſont ovales, douces au toucher, longues de neuf pouces, larges de quatre, chagrinées & vertes en deſſus, chargées en deſſous d'un poil raz rougeâtre, dentelées à leurs bords, terminées en pointe arrondie, & taillées comme un cœur à leur naiſſance; elles ſont traverſées par une côte ſaillante en deſſous, d'où partent pluſieurs autres nervures latérales, tantôt oppoſées & tantôt alternes : leur pédicule eſt d'environ un pouce de longueur : dès ſon milieu, il commence à groſſir de plus en plus juſqu'à la baſe de la feuille; il eſt chargé de poils rouſsâtres, & porte deux ſtipules longues, minces, aiguës, verdâtres, qui ſubſiſtent : les fleurs naiſſent, diſpoſées en grappes, ſur une tige, qui eſt oppoſée à une feuille : cette tige eſt chargée de poils rouſsâtres, & porte à ſa baſe deux ſtipules ſemblables à celles des feuilles. A quelques pouces de ſa hauteur, elle ſe partage en différens rameaux, qui ſortent d'entre quatre ou cinq écailles, d'entre leſquelles s'élevent deux, trois, ou quatre fleurs, portées chacune ſur un péduncule de deux ou trois lignes de longueur, qui, à ſa naiſſance, porte deux ou trois petites écailles. Le calice eſt d'une ſeule piece, diviſé profondément en cinq parties longues, étroites, aiguës, charnues, concaves, plus épaiſſes à leur ſommet, velues en dehors, liſſes & jaunes en dedans. La corolle eſt à cinq pétales égaux, qui prennent naiſſance au-deſſous des étamines; ils ſont de moitié plus petits que les diviſions du calice, larges & arrondis par le haut, ondés ſur leurs bords, & plus étroits vers le bas, où ils ſe terminent par un petit onglet; leur couleur eſt un jaune doré; les étamines ſont attachées au-deſſous de l'ovaire, autour d'un petit pivot qui les ſupporte; leur nombre varie; leur filet eſt court & charnu; l'anthere eſt longue, jaune, étroite, terminée par un petit feuillet pointu; elle eſt à deux loges, qui font corps avec le filet, & s'ouvre longitudinalement en deux vulves : le piſtil eſt un ovaire velu, arrondi, comprimé par le haut, ſurmonté d'un ſtyle cylindrique, cannelé, qui ſurpaſſe les étamines; il eſt terminé par un ſtigmate évaſé, concave, vert & à dix dentelures; l'ovaire devient une capſule ferme, coriace, de la largeur de la paume de la main, arrondi, comprimé & hériſſé de pointes molles, verdâtres, un peu velues; celles de la circonférence ſont les plus longues : cette capſule s'ouvre par l'endroit où elle tenoit à ſon péduncule : c'eſt par cette ouverture que ſortent les ſemences : lorſqu'on coupe cette capſule avant ſa parfaite maturité, on la trouve partagée par des cloiſons membraneuſes en dix loges, qui contiennent chacune un grand nombre de ſemences menues, attachées à un placenta charnu.

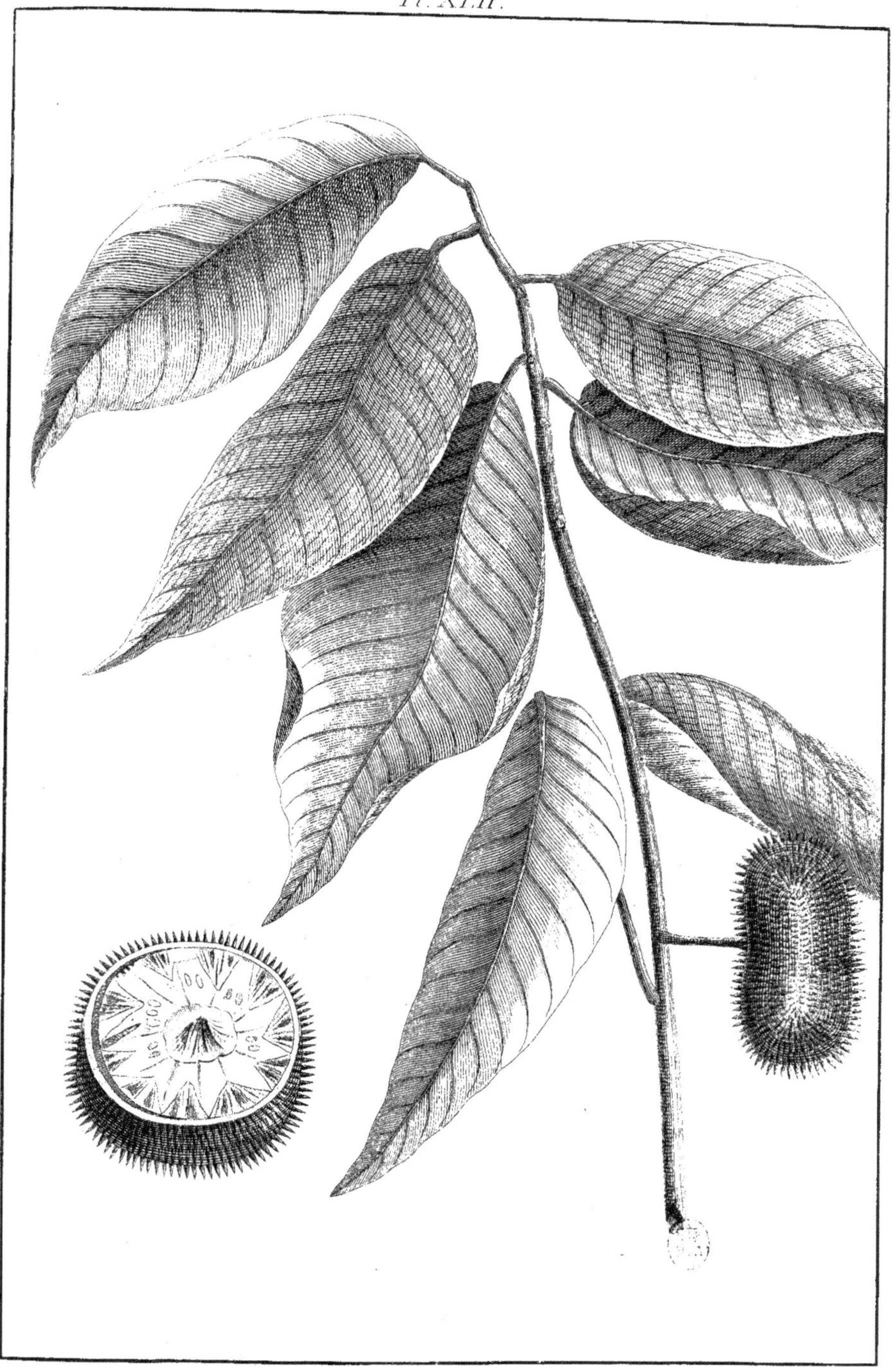

Pl. XLII.
APEIBA TIBOURBOU. Aublet.

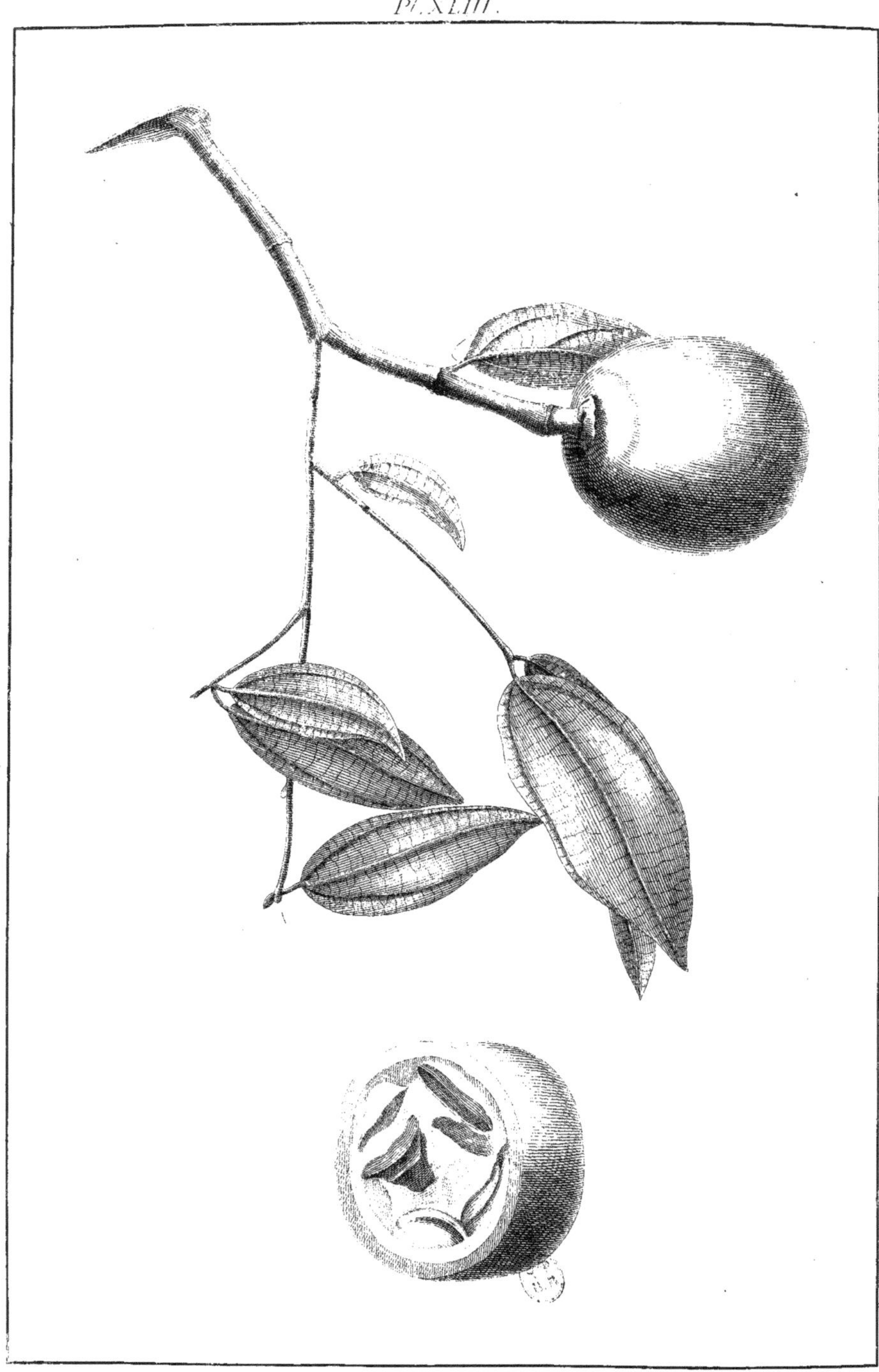

PASSIFLORA MALIFORMIS. *Linn.*

PLANCHE XLIII.

PASSIFLORA MALIFORMIS. Linn. La Grenadille en forme de Pomme.

LES feuilles de cette efpece ont un demi-pied de longueur fur trois pouces de largeur ; elles finiſſent en pointe, & ont leurs baſes arrondies, & tant ſoit peu taillées en cœur ; elles ſont membraneuſes, liſſes, & teintes d'un beau verd ; les fleurs ſont enfoncées du commencement dans une bourfe compoſée de trois feuilles, déliées comme du velin le plus fin, de couleur rouge pâle, & ornées d'un rouge fort vif ; les fruits ſont tout-à-fait ronds, & gros comme une pomme moyenne ; ſon écorce eſt beaucoup plus folide que celle des autres efpeces. Telle eſt la defcription qu'a donnée le P. Plumier de cette plante, qui croît dans les Iſles de S. Domingue & de la Tortue. Les habitans du pays en mangent communément le fruit, & le fervent fur les tables, en guife de deſſert.

PLANCHE XLIV.

HURA CREPITANS. Linn. Le Mamam-Cacao faifant du bruit.

Cet arbre croît à la hauteur de quatorze ou feize pieds ; fes jeunes rameaux, de même que fes feuilles, abondent en fuc laiteux; celles-ci ont de longs pétioles, font faites en forme de cœur, grandes, crenelées ; les fleurs font à l'extrémité des branches ; elles font d'une couleur violette, & font mâles & femelles fur le même pied ; dans les fleurs mâles, le calice eft un chaton ovale, obtus, couvert de fleurons feffiles, qui s'ouvrent ; le périanthe propre eft membraneux, à deux folioles feffiles, ovales, qui s'embraffent ; l'inférieure eft plus longue, il n'y a point de corolle ; le filament de l'étamine eft cylindrique, un peu plus long que le calice, verticillé deux ou trois fois fous le fommet par des tubercules ; les antheres font au nombre de deux, enfoncées dans chaque tubercule, ovales, fendues en deux, feffiles, s'ouvrant en dehors; dans les fleurs femelles, le périanthe eft monophyle, cylindrique, fillonné, tronqué, très-entier, enveloppant étroitement le germe ; il n'y a aucune corolle ; le germe du pyftil eft rond entre le calice ; le ftyle eft cylindrique, long, le ftigmate eft grand, en forme d'entonnoir, plane, convexe, colorié, fendu en dix, obtus, égal; le péricarpe eft ligneux, orbiculé ou globuleux, charnu, à deux fillons, à douze loges, s'ouvrant en forme de lune, à fommet à pointe élaftique; les femences font folitaires, applaties, orbiculées, grandes. On trouve cette plante au Mexique & dans la Jamaïque: quand fes gouffes font mûres, elles font fi élaftiques, qu'elles crevent avec explofion, en jettant leurs femences à une diftance fort éloignée: fon fruit eft le purgatif des perroquets ; mais il eft nuifible à l'homme.

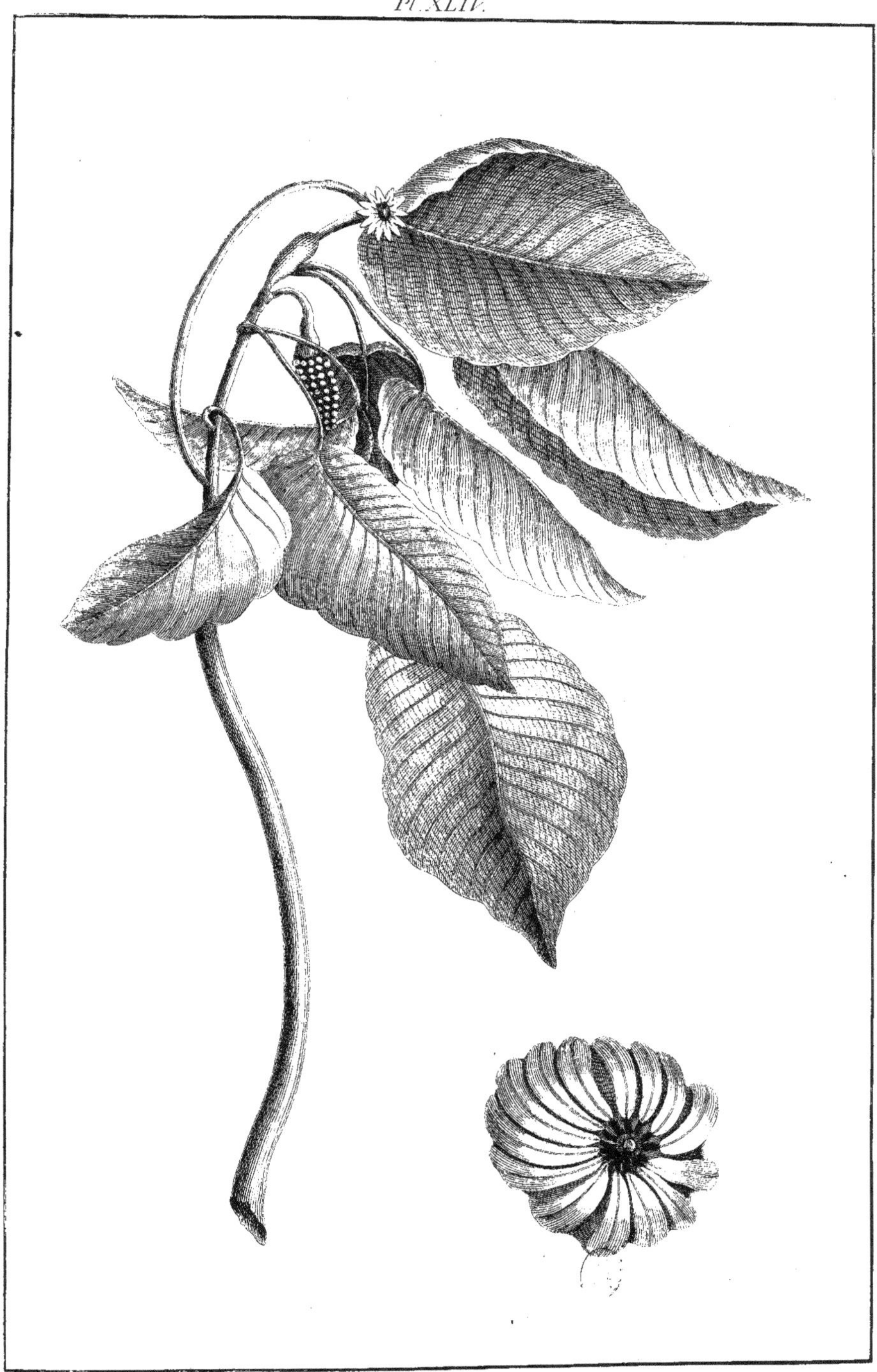

HURA CREPITANS. *Linn.*

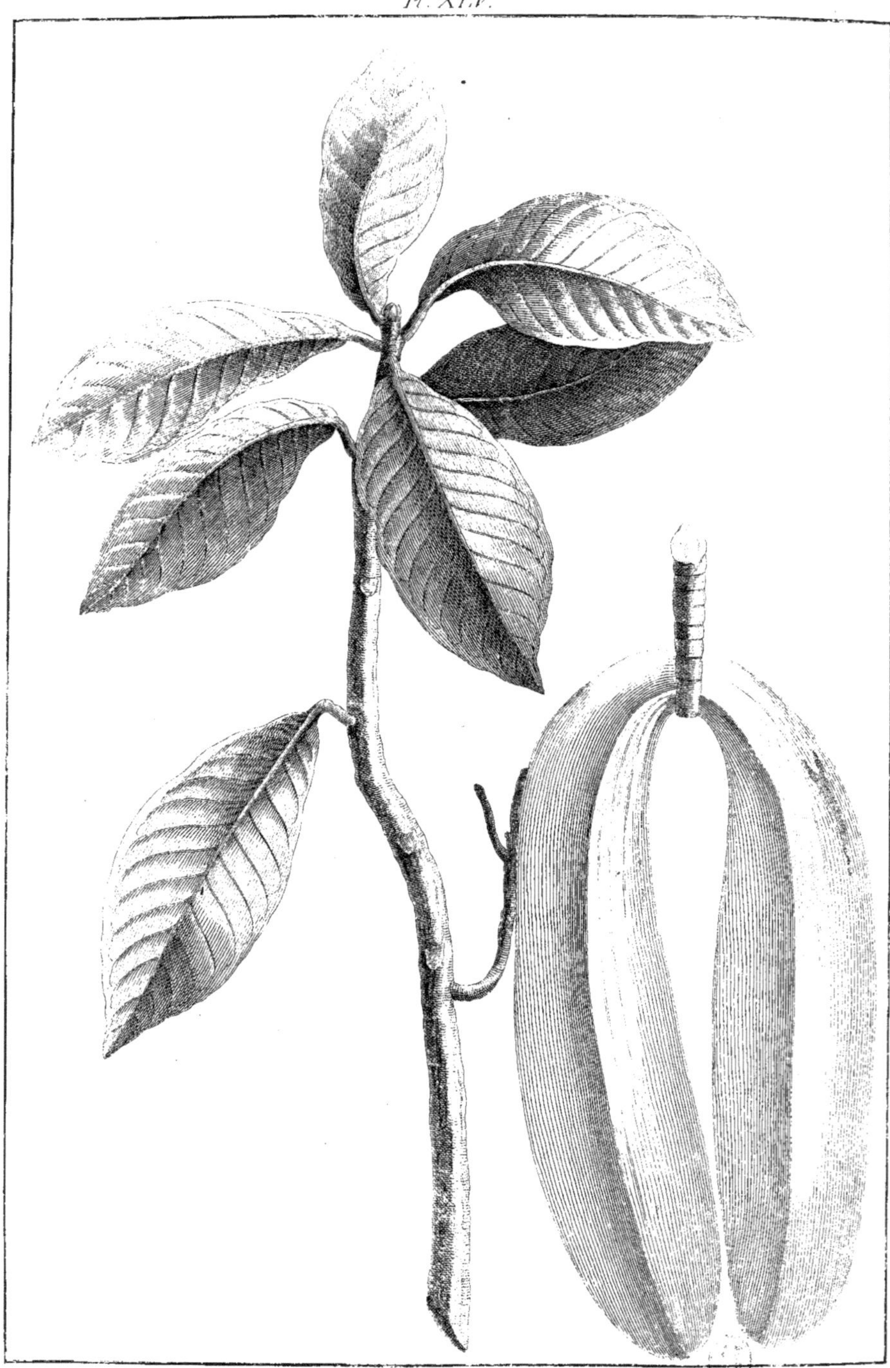

PLUMIERA RUBRA, *Linn.*

PLANCHE XLV.

PLUMIERA RUBRA. Linn. La Plumier à fleurs rouges.

L'ESPECE de plante dont il s'agit, croît à Surinam & dans la Jamaïque ; fes petits rameaux font affez gros ; fes feuilles font ovales, oblongues ; fes pétioles font à deux glandes ; fes fleurs font deux à deux le long des épis, très-belles, incarnates, & fort odorantes ; elles approchent beaucoup de celles du laurier rofe ; le périanthe de leur calice eft partagé en cinq, obtus, très-petit ; la corolle eft mono-pétale, en forme d'entonnoir ; le tube eft long, s'élargiffant infenfiblement ; le lymbe eft partagé en cinq, s'étendant en montant ; les lobes font ovales, oblongs, obliques ; les filamens des étamines font au nombre de cinq, en forme d'alène, partant du milieu du tube ; les antheres font conniventes, le germe du pyftil eft oblong, fendu au-deffous ; à peine remarque-t-on les ftyles ; le ftigmate eft double, pointu ; les follicules du péricarpe font au nombre de deux, longues, pointues, ventrues, réfléchies par derriere, penchées, à une loge & à une vulve ; les femences font nombreufes, ovales, inférées vers la bafe à la membrane propre, imbriquées.

PLANCHE XLVI.

SOLANUM VARGINSTONICUM. Nobis. La Warginſton.

Nous avons donné à cette eſpece de plante le nom de *Warginſton*, en l'honneur du Général Warginſton, qui s'eſt diſtingué ſi honorablement dans la guerre d'Amérique en faveur de ſes compatriotes,
& qui mériteroit, à juſte titre, la Dictature de ſon pays. Cette plante eſt du genre des *Solonams*;
ſes feuilles ſont ovales, pointues, entieres; ſes fleurs ſont blanches, ſemblables en tout à celles de
ce genre, pédunculées, rangées le long d'un épi dont la tige eſt applatie, épineuſe.

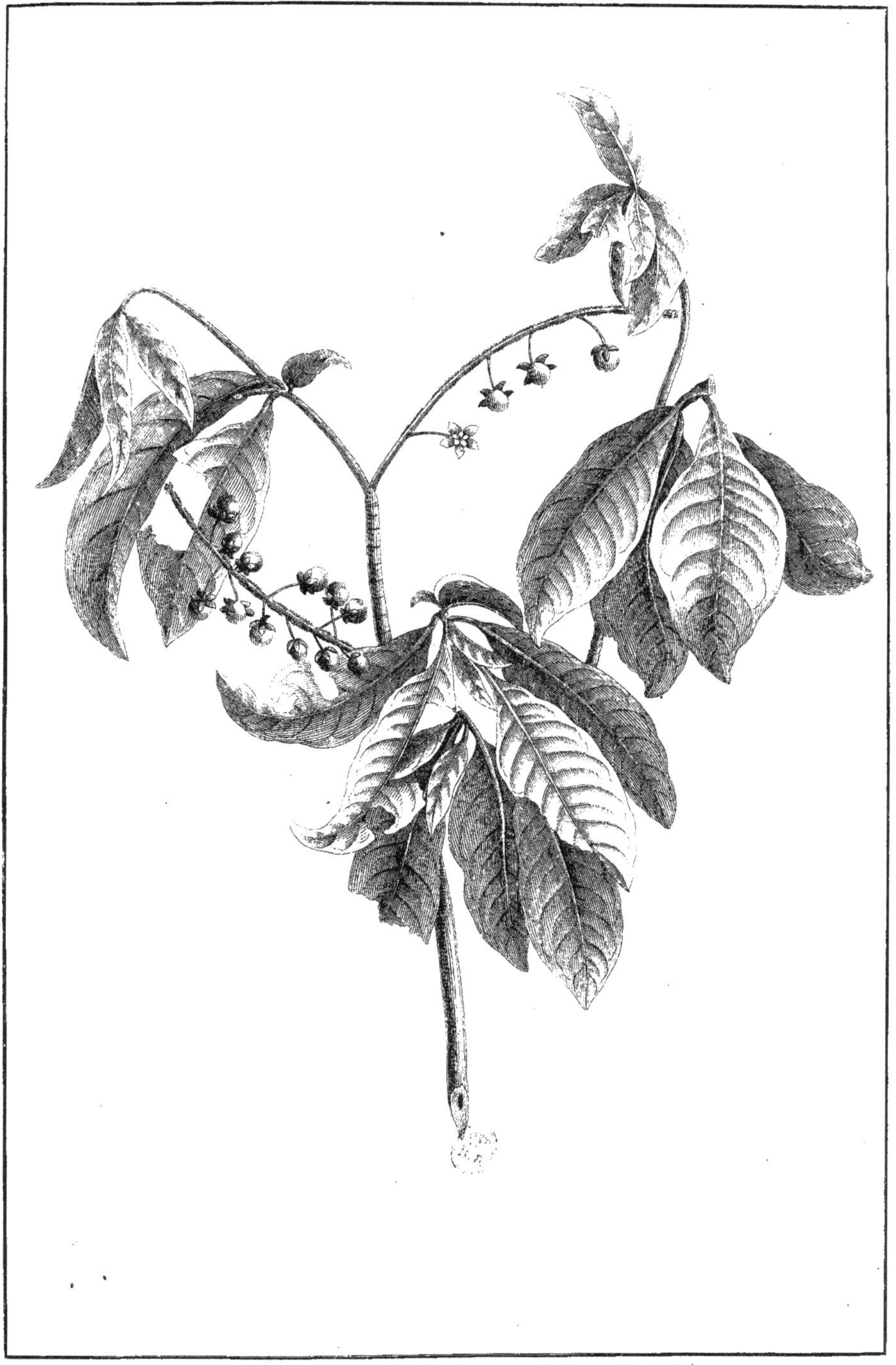

SOLANUM VARGINSTONICUM. *Nobis.*

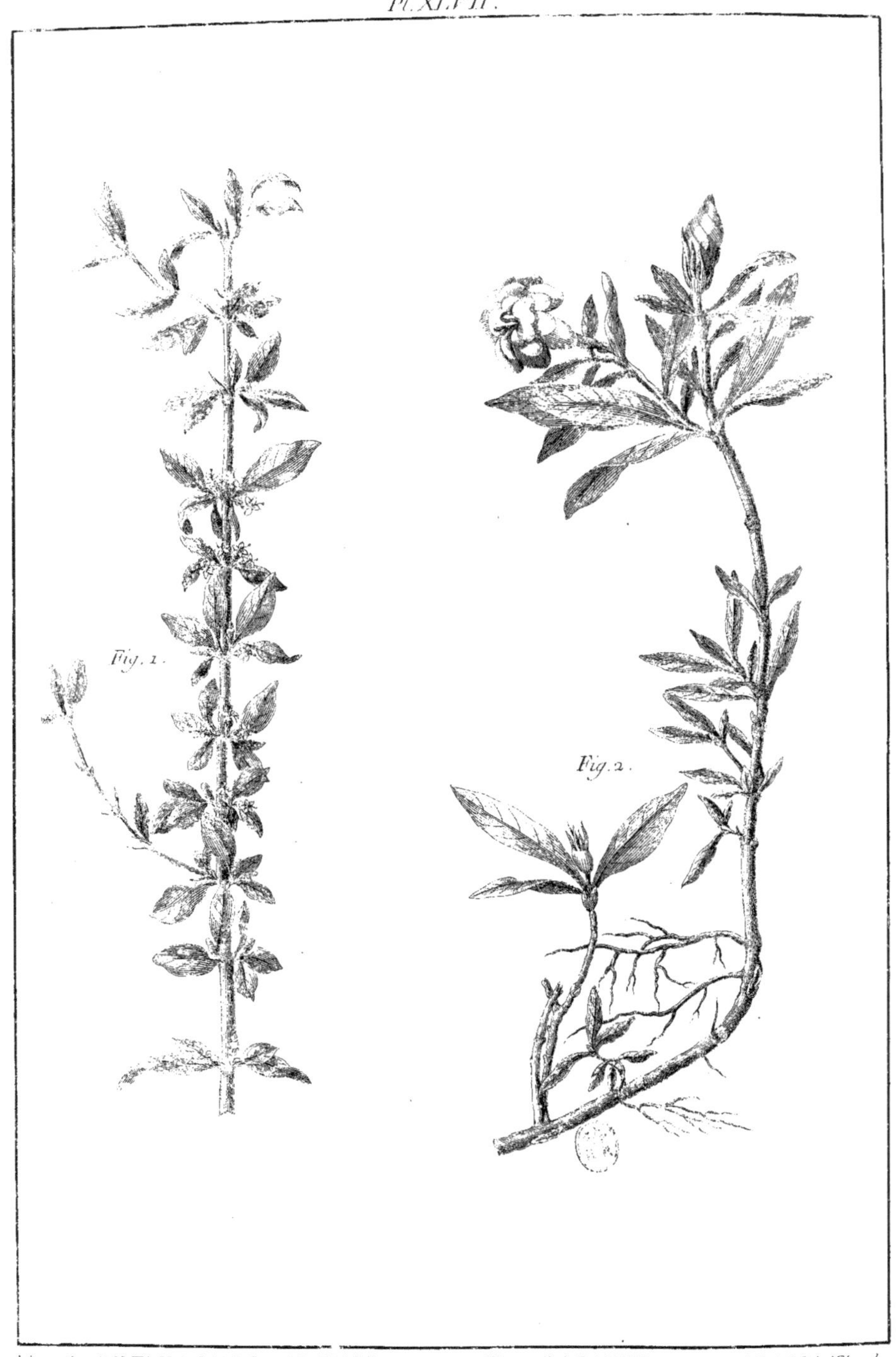

Fig. 1. GARDENIA MICRANTHUS. *Thunberg.* Fig. 2. GARDENIA RADICANS. *Thunberg.*

PLANCHE XLVII.

Fig. I. *GARDENIA MICRANTHUS*. *Thunberg*. La Garden épineuse à fleurs seſſiles, glabres.

LA tige de cette eſpece eſt en arbriſſeau, rameuſe ; ſes rameaux ſont cylindriques, velus, un peu ramuleux, épineux ; ſes petits rameaux ſont capillaires, hériſſés, épineux ; ſes épis ſont feuillés en deſſus, oppoſés, aigus, élevés, s'étendans, à demi ongulés ; ſes feuilles ſortent du bourgeon au-deſſous des épines ; elles ſont pétiolées, ovales, aiguës, entieres, glabres, nerveuſes, s'étendant, onguiculaires ; ſes pétioles ſont longs d'une ligne ; ſes fleurs ſont axillaires, au nombre de deux ou de trois, ſeſſiles, de la grandeur d'un grain de ris, plus étroites vers le milieu avant leur développement. Le calice eſt tronqué, à cinq dents, glabres, beaucoup plus court par la corolle ; celle-ci eſt campanullée, partagée en cinq lobes, ovales, aigus, réfléchis ; les antheres ſont au nombre de cinq ; le ſtyle eſt capillaire, blanc, de la longueur de la corolle ; le ſtigmate eſt globuleux. M. Thunberg a donné à cette eſpece la phraſe de *Gardenia ſpinoſa floribus ſeſſilibus glabris* : elle croît naturellement dans la Chine & à Ceylan ; elle n'exige pour l'hiver que l'orangerie.

Fig. II. *GARDENIA RADICANS*. *Thunberg*. La Garden dont la tige jette des racines.

Cette eſpece, qui vient naturellement au Japon, a ſa tige couchée, jettant des racines, glabre, de la groſſeur d'une plume, longue d'environ un pied ; les rameaux ſont oppoſés, tuberculés aux rudimens des feuilles, flexibles, élevés ; les feuilles ſont confluentes aux ſommets des rameaux, oppoſées, ſeſſiles, ellyptiques, entieres, paralleles, nerveuſes, glabres, élevées, longues depuis un pouce juſqu'à deux ; les ſtipules ſont entrefeuillées, ovales, obtuſes, en gaîne, membraneuſes ; ſes fleurs ſont terminales dans les rameaux, ſeſſiles, ſolitaires ; le calice eſt angulé, glabre, partagé en cinq ou ſix lobes lancéolés, verticaux, élevés, perſiſtans, moitié plus courts que le tube. M. Thunberg a donné à cette eſpece la phraſe de *Gardenia inermis, corollis obtuſis, calice angulato, foliis ellypticis, caule radicante*.

PLANCHE XLVIII.

Fig. I. *GARDENIA SCANDENS. Thunberg.* La Garden grimpante.

Cette espece, que M. Thunberg nomme *Gardenia spinosa, scandens, floribus pedunculatis,* a sa tige en arbrisseau ; ses rameaux sont cylindriques, glabres, cendrés, épineux, grimpans ; les épines sont au-dessus des feuilles, opposées, à demi onguiculaires ; les feuilles sortent des bourgeons, rassemblées ensemble au-dessous des épines ; elles sont pétiolées, ovales, ou peu obtuses, entieres, glabres, s'étendantes, inégales, onguiculaires ; les pétioles sont très-courts ; les stipules sont sétacées ; les fleurs sont axillaires, solitaires, pédunculées ; le péduncule est filiforme, a une fleur glabre à demi-onguiculaire ; le calice est companulé, glabre, quatre fois plus court que le tube de la corolle, partagé en cinq lobes lancéolés, droits ; la corolle est en forme d'entonnoir, blanche, glabre ; le tube est cylindrique, droit, onguiculaire ; le lymbe est partagé en cinq lobes lancéolés, qui s'étendent ; les antheres sont au nombre de cinq ; le style est filiforme, de la longueur du tube ; le stigmate est en forme de clou. Cette espece croît auprès de Maçao dans la Chine.

Fig. II. *GARDENIA SPINOSA. Thunberg.* La Garden épineuse.

Cette espece, connue sous la phrase de *Gardenia spinosa floribus sessilibus hirsutis,* a sa tige en arbrisseau, rameuse ; ses rameaux sont cylindriques, glabres, épineux, roides ; ses épines sont au-dessus des aisselles, le plus souvent opposées, le plus rarement alternes, s'étendantes, longues d'un pouce ; les feuilles sortent des bourgeons au-dessous des épines en nombre ; elles sont sessiles, ovales, obtuses, entieres, glabres, s'étendantes, inégales, longues d'un pouce ; les stipules sont soyeuses, menues ; les fleurs sont solitaires, axillaires, sessiles ; le calice est campanulé, hérissé extérieurement, un peu plus court que la corolle, partagé en cinq lobes ovales, obtus, qui s'étendent ; la corolle est en forme d'entonnoir, blanche, hérissée en dehors, partagée en cinq tubes ovales, obtus, entiers, qui s'étendent ; les antheres sont au nombre de cinq ; le style est filiforme, de la longueur du tube ; le stigmate est en forme de clou. Cette espece croît dans la Chine, proche de Maçao, & à Madras, sur la côte de Coromandel.

Fig. III. *GARDENIA GUMMIFERA. Thunberg.* La Garden qui porte de la gomme.

La Garden qui porte de la gomme, *Gardenia inermis corollis obtusis, calice hirto, foliis oblongis obtusis,* a pour caractere d'avoir les feuilles oblongues, obtuses, hérissées ; le calice est hérissé, à cinq dents ; la corolle est en forme d'entonnoir ; le tube est plus long que dans la *Gardenia florida,* plus filiforme, & couvert de poils plus menus ; le lymbe est obtus, plane, partagé en cinq ou neuf ; le stigmate est gros, partagé en deux ; la baie est seche, à deux ou à quatre loges ; les semences sont applaties, planes, disposées à double rang. Cette plante croît à Ceylan ; des fentes de l'écorce & des feuilles distille une gomme résine, qui est assez semblable à la gomme élémi.

Fig. IV. *FRUCTUS GARDENIÆ THUNBERGIÆ.* Le fruit de la Garden de Thunberg.

Cette espece, connue sous la phrase de *Gardenia inermis, corollis obtusis, calice tereti, foliis ovatis acutis. Thunb.,* a sa tige en arbre, glabre, très-rameuse ; ses rameaux sont alternes, cylindriques, annullés aux rudimens des feuilles, cendrés, glabres, élevés, un peu rameux ; ses feuilles sont verticillées, ternes ou quaternes, pétiolées, pointues de chaque côté, entieres, concaves, ondulées, paralleles, nerveuses, glabres, marquées par de petites glandes poileuses, aux aisselles des nerfs de la page inférieure, s'étendant, inégales, plus longues que les internœuds, longues de deux pouces, & même au-delà ; les pétioles sont courts, s'élargissant insensiblement en feuilles, calleuses au-dessous, glabres ; les stipules sont entre les feuilles, en gaîne, obtuses, membraneuses ; les fleurs sont terminales dans les petits rameaux, solitaires, sessiles, élevées : le calice est cylindrique, s'élargissant supérieurement, glabre, s'ouvrant obliquement au sommet, couronné de quatre ou cinq folioles pétiolées, en capuchon, velu intérieurement, & arrosé de miel, trois fois plus court que le tube. La corolle est blanche, coriacée ; le tube est cylindrique, un peu recourbé, strié, insensiblement un peu étendu, très-glabre, long d'une palme ; le lymbe est partagé de sept à neuf ; les lobes sont ovales, très-obtus, réfléchis par les bords, très-entiers, imbriqués, très-étendus, longs d'un pouce ; l'os du tube est velu, sillonné ; plus rarement le lymbe de la corolle est partagé en huit ou dix, avec autant d'antheres ; les antheres sont au nombre de sept, huit ou dix, très-souvent au nombre de neuf. Le germe est plane, couronné de tubercules ronds, qui portent du miel, glabre ; le style est inférieurement filiforme, glabre, supérieurement en forme de clous, velu, plus long que le tube de la corolle : le stigmate est tronqué obliquement, sillonné, à bords des sillons réfléchis, rarement sillonnés en quatre. La baie est ovale, ridée, glabre, verdâtre, ensuite blanche, à une loge, à cinq valves, polyspermique, de la grosseur d'un œuf de poule, persistant pendant des années, qui ne tombe pas & qui ne s'ouvre pas, ayant l'écorce ligneuse, dure, à peine y remarque-t-on de la pulpe. Les semences sont lenticulaires, imbriquées, solitaires dans chaque pli. On trouve cette espece en Afrique, au Cap de Bonne-Espérance, dans les forêts auprès du fleuve *Van-Stades ;* elle surpasse, par la beauté de ses fleurs, toutes les autres especes ; elle commence à fleurir, au Cap de Bonne-Espérance, vers la fin de Janvier, qui, dans ce pays, est le milieu de l'été, & fleurit jusqu'en Mars ; l'arbre se trouve pour lors si couvert de fleurs, qu'on ne peut rien voir de plus beau : chaque fleur ne dure pas long-temps ; mais elles se succedent successivement les unes après les autres, & se multiplient. On peut tondre cet arbre, mais il croît lentement ; l'odeur de la corolle n'est pas agréable ; le bois du tronc est très-dur : les habitans s'en servent pour des chevilles.

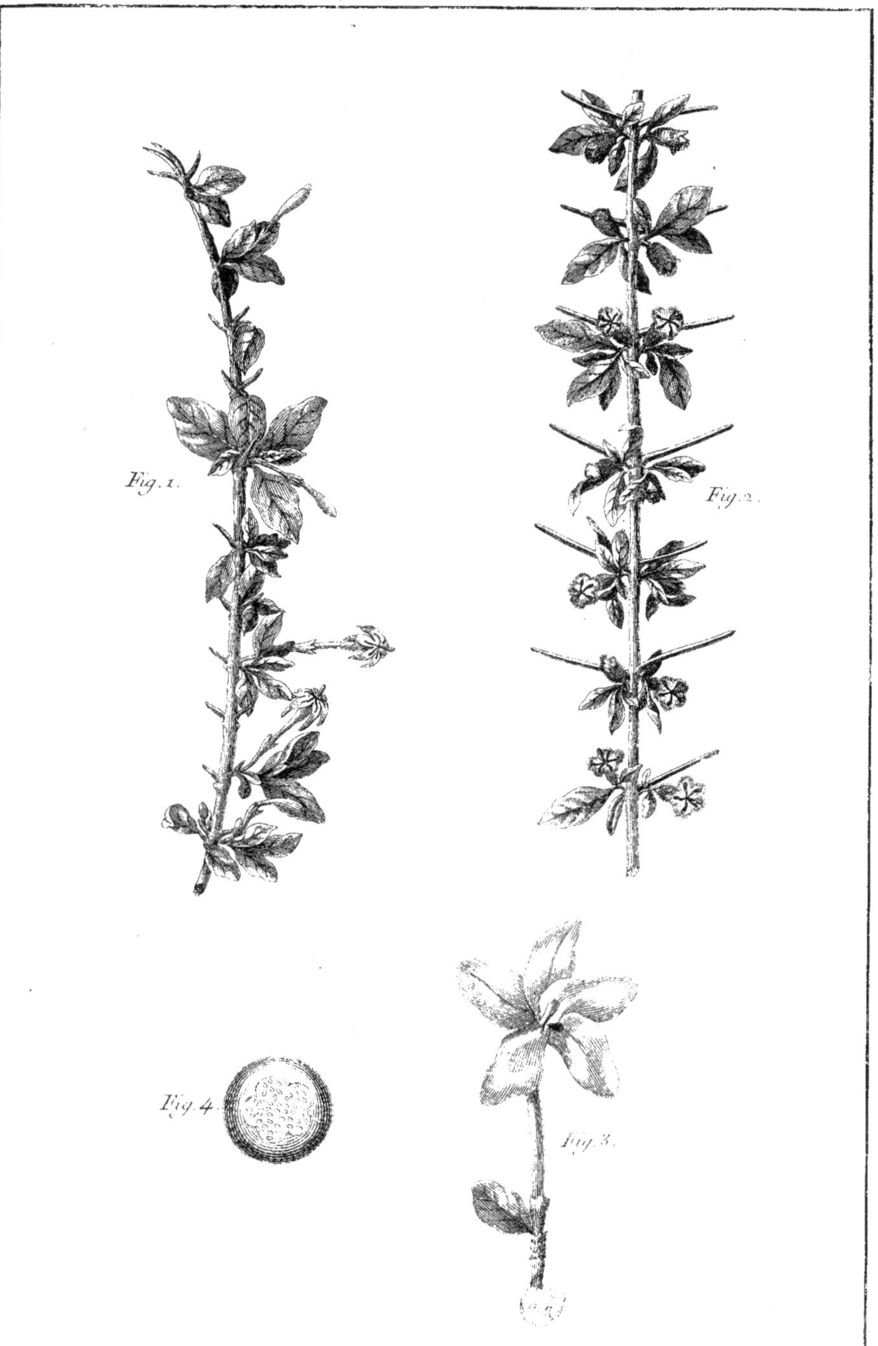

Fig. 1. GARDENIA SCANDENS. *Thunberg.* Fig. 2. GARDENIA SPINOSA. *Thunberg.*
Fig. 3. GARDENIA GUMMIFERA. *Thunberg.* Fig. 4. FRUCTUS GARDENIÆ THUNBERG.

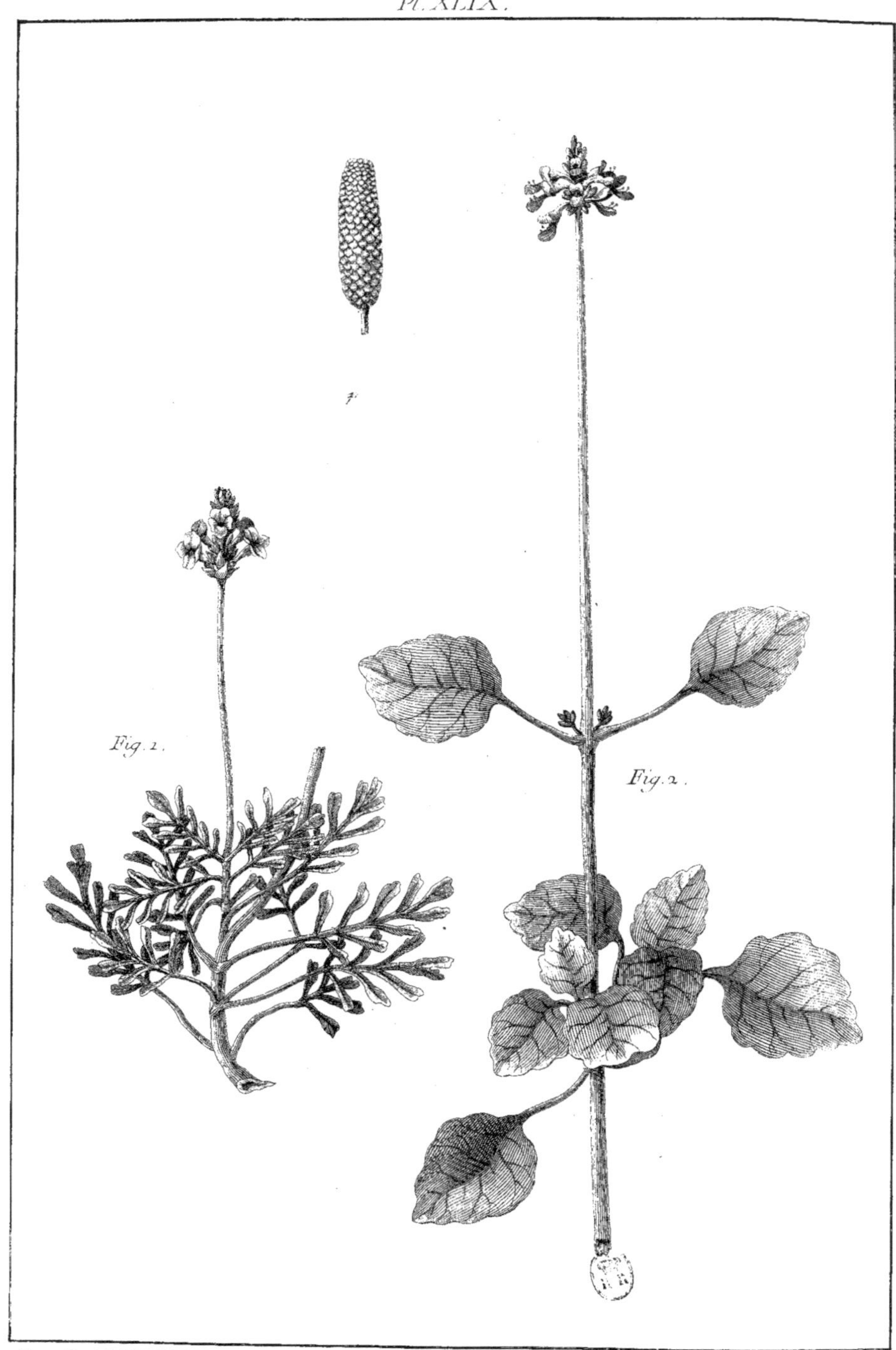

Fig. 1. LAVENDULA PINNATA. *Linn.* Fig. 2. LAVENDULA CARNOSA. *Linn.*

PLANCHE XLIX.

Fig. I. *LAVENDULA PINNATA. Linn.* La Lavande ailée.

LA tige de cette efpece eft très-rameufe ; fes feuilles font aîlées , ayant leurs folioles en forme de coing , échancrées ; l'impaire paroît le plus fouvent mordue ; les pétioles font cannelés ; les inférieurs font très-longs ; l'épi eft tétragonal , lancéolé , aigu ; les braêtées font lancéolées , quaternes ; le périanthe du calice eft blanchâtre , à cinq dents ; la corolle eft pourpre , penchée ; le tube eft droit , deux fois plus long que le calice : tous les filamens des étamines font entre le tube de la corolle ; les antheres font rondes.

Fig. II. *LAVENDULA CARNOSA. Linn.* La Lavande charnue.

La tige de cette efpece eft tétragonale , à angles arrondis , à peine poileufe ; les feuilles font ovales, en forme de cœur , à dents de fcie , veineufes , très-légerement poileufes , tombant au temps de la fleuraifon , pétiolées , ayant leurs pétioles de la longueur des feuilles , horizontaux , à demi cylindriques , cannelés : l'épi eft d'abord pyramidal , tétragonal ; il fe dilate fous la fleuraifon , & devient cylindrique ; mais les germes étant fécondés , il s'allonge en cylindre ; les braêtées font charnues , poileufes , ciliées, aiguës , élevées ; les fleurs font verticillées , quaternes , recourbées : le périanthe du calice eft recourbé au fommet , à deux levres ; la levre fupérieure eft fans divifion , ovale , galleufe , veineufe , aiguë , recourbée , ferrant le tube de la corolle , & couvrant très-exaêtement , après la fleuraifon , l'ouverture & la levre inférieure du calice ; la levre inférieure eft fans divifion , très-courte , arrondie , lunaire , réfléchie ; la gueule du calice eft ferrée , avec une boffe qui s'éleve de chaque côté , velue ; la corolle eft bleue ; le tube eft filiforme , beaucoup plus long que le calice , d'abord droit , enfuite réfléchi , s'ouvrant infenfiblement vers la gueule , applati ; le lymbe eft ridé , la levre fupérieure fendue en deux , réfléchi de chaque côté , arrondie ; la gueule eft linéaire , perpendiculaire ; la levre inférieure eft comme l'opercule de la gueule qui pend horizontalement lorfque la fleur eft épanouie ; elle eft concave , oblongue , amincie à la bafe , très-entiere ; les filamens des étamines font inférés au côté inférieur de la gueule , couchés fur la levre inférieure , & montans vers le fommet , à peine plus courts que la levre ; les antheres font ronds ; le pyftil eft comme dans les autres efpeces de Lavandes ; le fruit eft un chaton cylindrique , à écailles recourbées. Cette Plante demande une grande chaleur pour la conferver.

PLANCHE L.

DIFFÉRENTES ESPECES DE CHIENDENT.

LA Figure I repréfente la fleur avec le calice & la corolle du *Gramen*, connu fous le nom de *Kyllinga.* La Figure II repréfente le chaton de ce Chiendent. La Figure III repréfente le calice & la corolle du *Reflio.* La Figure IV repréfente la fleur mâle complete de ce Chiendent, vue de côté. La Figure V, l'étamine du même Chiendent. La Figure VI le chaton. La Figure VII eft l'épi du *Rott-Bollia exaltata.* La Figure VIII eft la fleur mâle du *Zizania.* La Figure IX eft la fleur femelle de la même plante ouverte. La Figure X eft auffi la fleur femelle. La Figure XI en eft le pyftil. La Figure XII repréfente les étamines, le pyftil & la fleur complete du *Gahnia*, avec les balles écartées pour faire voir le nectaire. La Figure XIII eft la femence avec les filamens allongés. La Figure XIV eft la fleur du *Gramen Spinifex.* La Figure XVII eft l'arête de la petite tête mâle de ce Chiendent. La XVIII eft l'arête de la petite tête hermaphrodite, avec l'enveloppe. La XIX eft l'arête féparée avec la fleur folitaire. La XX eft la fleur épanouie de ce même Chiendent, avec la corolle, les nectaires, les étamines & le pyftil. La Figure XV repréfente la petite tête hermaphrodite du *Chryfithix*; & la XVI la petite tête mâle du même Chiendent, qui n'eft pas encore bien épanouie, avec le fpathe & le calice. La Figure XXI repréfente la chaton du *Fuirena*, de grandeur naturelle; & la XXII la fleur de ce Chiendent, vue à la loupe. La Figure XXIII repréfente l'épi du *Manifuris granularis*, de grandeur naturelle. La XXIV, le même épi groffi à la loupe. La XXV repréfente l'épi du *Manifuris mycerus*, de grandeur naturelle. La XXXI, la fleur hermaphrodite & autres, vue du côté du *Manifuris granularis.* La XXXII les mêmes fleurs, vues du centre. La XXXIII la fleur hermaphrodite & autres du *Manifuris myceras*, vue de côté; & la XXXIV la balle extraordinaire du calice de la même fleur. La Figure XXVI repréfente l'épi du *Pommereulla.* La Figure XXVII, la fleur entiere; & la Figure XXVIII, la balle de la corolle de la même plante. La Figure XXIX repréfente le calice de grandeur naturelle de l'*Anthiftiria*; & la XXX, le même calice groffi à la loupe. La Figure XXXV repréfente la fleur entiere de l'*Erhartia* fans calice. La XXXVI & derniere, la même fleur entiere étendue. Tous ces détails concernent les nouveaux genres de Gramen, que M. de Linné fils a publiés dans une Differtation très-favante, qui a été foutenue par M. Nœfen dans les Ecoles d'Upfal, le 21 Décembre 1779. Nous invitons nos Lecteurs à recourir à cette Differtation, qui ne laiffe rien à defirer fur cet objet; & c'eft par tous ces détails nouveaux que nous finiffons notre Collection de *Plantes nouvellement dénommées & claffées*, qui fe montent à cinquante Planches, & qui peuvent le difputer, par la beauté du burin, à tout ce qui a paru de mieux gravé dans le genre des Plantes.

Fini d'imprimer en 1784.

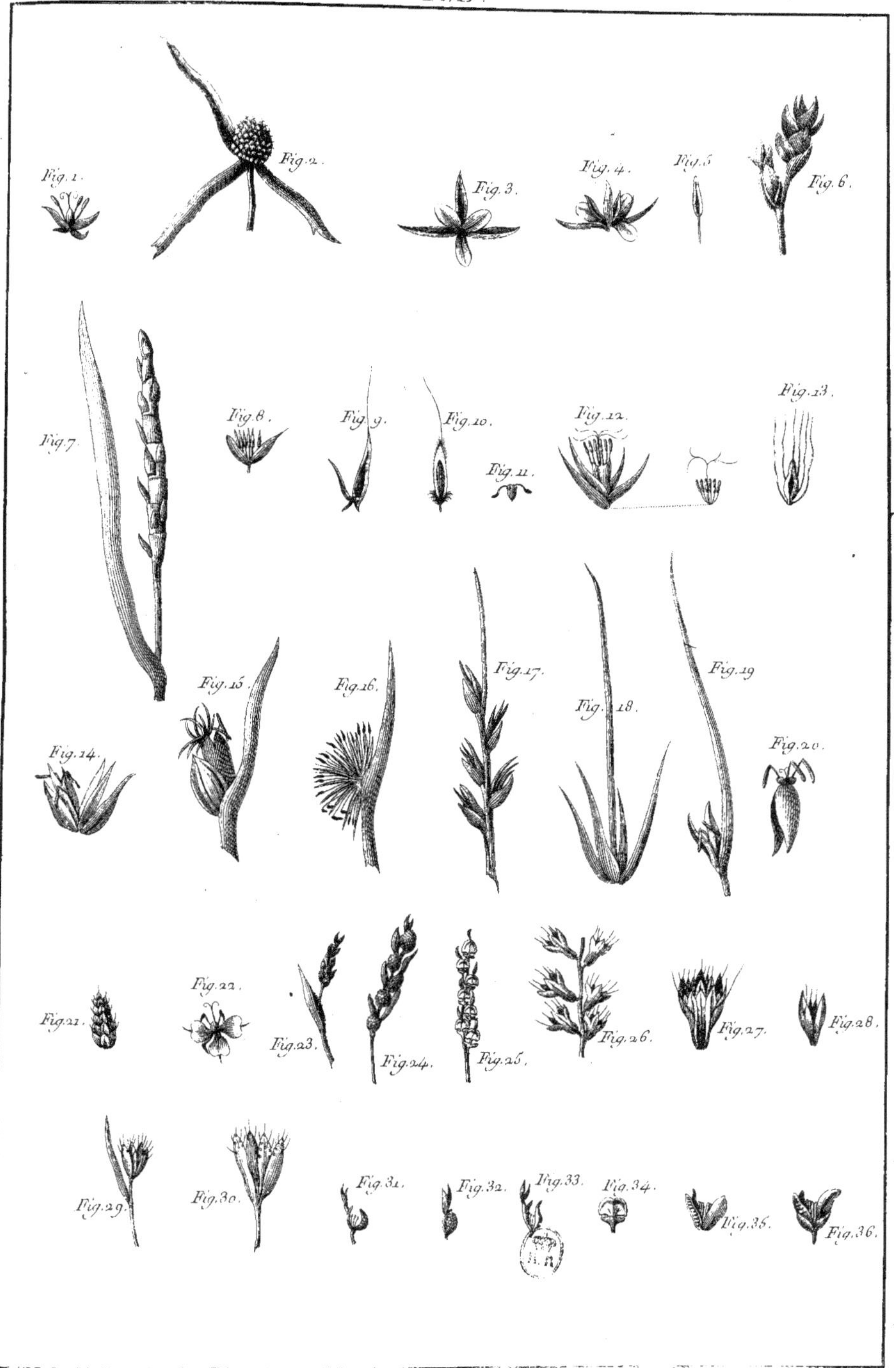

Fig 1 et 2. Kyllinia. Fig. 3. 4. 5 et 6. Restio. Fig. 7. Rottböllia. Fig. 8. 9. 10 et 11. Zizania. Fig. 12 et 13. Gahnia. Fig. 14. 17. 18. 19 et 20. Gramen Spinifex. Fig. 15 et 16.
Chrysithrix. Fig. 21 et 22. Ekterona. Fig. 23. 24. 25. 31. 32. 33 et 34. Manisuris. Fig. 26. 27 et 28. Pommereulla. Fig. 29 et 30. Anthisteria. Fig. 35 et 36. Ehrharta

www.ingramcontent.com/pod-product-compliance
Lightning Source LLC
LaVergne TN
LVHW020652200726
843508LV00002B/738

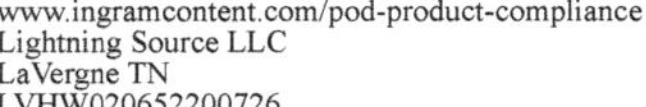